T0030994

JAQUE MATE

Redbook
ediciones

JAQUE MATE

Los finales de partida en ajedrez
por los grandes maestros

Finales según Alexander Koblenz, Vasily Panov,
Boris Weinstein, Rudolf Spielmann, Kurt Richter
con ejemplos y comentarios de partidas clásicas
de grandes maestros.

Edición Igor Molina Montes

© 2021, Redbook ediciones

Diseño de cubierta: Regina Richling

Diseño de interior: Igor Molina Montes

ISBN: 978-84-9917-645-1

Depósito legal: B-9.125-2021

Impreso por Reprográficas Malpe, S.A. c/ Calidad, 34, bloque 2, nave 7

Pol. Ind. "Los Olivos" 28906 Getafe Madrid

Impreso en España - *Printed in Spain*

Índice

Prólogo

En ediciones anteriores aprendimos a desarrollar las piezas en la apertura, procurando la máxima cohesión entre ellas, posteriormente estudiamos los elementos combinatorios en el medio juego, ahora llega el momento cumbre de la partida: el final.

Cualquier jugador de ajedrez disfruta al causarle un jaque mortal a su oponente, regocija incluso a los espectadores. Este libro sobre finales en el ajedrez está basado en la obra de grandes maestros, con comentarios de partidas históricas, con análisis de la concepción de una jugada de mate. Aprenderemos ejecuciones grandiosas al rey, brillantes y de efecto cegador en los rivales, encontraremos en los ejemplos de partidas clásicas diversión en forma de mates como truenos y rayos, que acometen con la fuerza destructiva de un huracán.

Ataques a la posición del enroque, jaques a la descubierta, combinaciones de mate, acercarán más al lector al momento supremo del jaque mate; mediante sacrificios, ataques de alfiles o caballos profundizaremos en los entresijos de la red mate y fortaleceremos la visión para reconocer situaciones en las que la red de mate cierra su círculo mortal.

Un fuerte medio juego ha provocado cierta superioridad en la cohesión de nuestras piezas, diversas combinaciones y sacrificios nos avisan de que es hora de lanzarse al asalto final, avanzamos en el ataque hacia el mate. Presentamos en este libro, una exhaustiva muestra de configuraciones de jaque, todas ellas explicadas de forma amena y sencilla, desde todos los ángulos posibles. Examinaremos diversas posibilidades de mate para presionar al rey hasta dejarlo con una última «hoja de parra», a través de partidas clásicas de grandes maestros comentadas con inteligencia e ironía.

Igor Molina Montes

Signos utilizados:
x captura
+ jaque
++ jaque doble
# mate
? jugada mala
?? jugada muy mala
! jugada brillante
!! jugada muy brillante
= tablas
0-0 enroque corto
0-0-0 enroque largo
a.p. captura al paso

Principios generales del mate

Según Kurt Richter

¿Saben ustedes dar mate? Una pregunta superflua, porque, ¿qué jugador de ajedrez no sabría eso? Y, sin embargo, muchas veces la forma del mate no llega a verse. A menudo, no se encuentra el camino hacia el mate. Por ello debemos esforzarnos en aguzar la mirada para la formación del mate y en aguzar el sentido para la combinación que terminará por dar mate. Lo primordial en cualquier caso, por lo que se refiere al ataque cuyo objetivo es el mate, estriba en la configuración de éste; sin ella es inconcebible cualquier combinación para mate.

Pero sucede algo completamente distinto cuando en la partida práctica uno trata de orientarse por tales formas de mate. Si se conoce la posición de la partida, no es difícil encontrar la continuación. Pero si no se sabe, tiene uno mismo que pensarlo e investigarlo todo, entonces se acumulan las dificultades y los errores.

Porque el verdadero terreno de batalla en el ajedrez sigue siendo el ataque para mate, la red para mate o la situación para mate. ¿Hasta qué punto es valioso familiarizarse más a fondo en la práctica propia con semejantes temas?, nos lo puede aclarar también la instructiva comparación siguiente:

Brodeuhoux-M. Keller

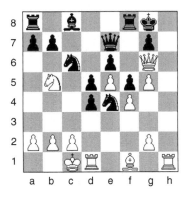

(Torneo europeo a distancia 1964/65. Según Fernschach.)

Las blancas habían sacrificado una pieza menor y habían obtenido una posición de ataque prometedora de éxitos. Pero ahora no juegan aún:
1. ♖h8+? ♔xh8
2.♕h5+ ♔g8
3.g6 (Ya que las negras se defienden suficientemente con 3…♘f6! 4.exf6 gxf6.)
Por eso:
1.♘d6! (Diversión del ♘b5!)
1…♘xd6 (Había la amenaza ♕h7 mate.)
2.♖h8+ ♔xh8

3.♕h5+ ♔g8 4.g6 (Con mate imparable.)

¿No habrá sido el padrino de esta bonita combinación el excampeón mundial Alekhine?

(Alekhine-Mindeno, simultáneas en Holanda, 1933).

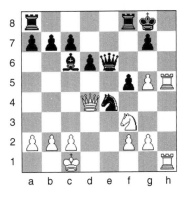

También aquí un sacrificio de pieza menor y una lucha por la casilla de huida f7.

1.g6? para después de 1… ♕xg6 obligar con 2.♕c4+ a las negras a jugar 2…♖f7 o 2…♕f7 y luego dar mate con 3.♖h8#, todo esto fracasa con la respuesta de las negras 2...d5!

Pero después de:

1.♘e5!! dxe5 (Si 1...♕xe5 2.♕xe5 dxe5 3.g6.)

2.g6! ♕xg6

3.♕c4+! (Porque ahora las negras están obligadas a desplazarse a f7.)

3...♕f7

4.♖h8# mate.

La subconsciencia ajedrecística registra tales trampas y excita correspondientemente al jugador a la práctica adecuada.

I. Ataque al rey

Ataque al rey

Según Alexander Koblenz

No se exagera al decir que en el momento en que tomamos la decisión de pasar al ataque directo al rey se apodera de nosotros la vibrante alegría del combate y una maravillosa excitación creadora.

El ataque necesita ciertas condiciones previas posicionales. He aquí las más importantes:
1. La mejor colocación de las piezas «el juego conjuntado, armónico y activo», la superioridad del material de las piezas en el lugar de la lucha.
2. Un control sobre el centro, que usualmente lleva a una ventaja en el espacio «o estabilidad en el centro cerrado y bloqueado de peones».
3. La posición del rey enemigo debe estar debilitada o nosotros debemos estar convencidos de que conseguiremos causar las debilidades.

Estudiemos la serie según los métodos más importantes de lucha que se utilizan en el ataque al rey en caso de:
1. Los reyes han enrocado en alas opuestas.
2. Ambos reyes se encuentran en la misma ala.
3. El rey se halla en el centro.

Los reyes se encuentran en alas opuestas
Los rasgos característicos de semejantes posiciones son:
1. Con objeto de abrir columnas y diagonales, se puede avanzar mucho los peones en las proximidades del rey enemigo sin desguarnecer al rey propio.

2. Las fuerzas combatientes deben estar preparadas para, después del debilitamiento de la posición del rey adversario, penetrar en las brechas.

3. Como el adversario no está dormido y querrá también por su parte atacar al rey en el ala opuesta, se debe procurar ser el primero en tomar la iniciativa y junto a esto paralizar con medios económicos el ataque enemigo.

4. Buenas condiciones previas para el ataque las ofrece la posición insegura y debilitada del rey.

Imaginémonos lo siguiente: los peones negros se encuentran en f7, g7, h7. Basta que avance el peón g7 a g6 para que tengamos una propicia referencia de ataque para intervenir con h4 y h5 para abrir la columna torre h. En caso de que el peón torre haya ido de h2 a h3, tratemos con g4 y g5 de abrir la columna caballo o procuraremos desguarnecer completamente la posición del rey atacado con un sacrificio destructivo en h3.

Observemos por tanto que la formación de peones alrededor del rey adversario es una guía no subestimable para nuestras acciones de combate en semejantes posiciones.

He aquí ahora algunos ejemplos sobre lo dicho.

Gereben-Geller

13...b4!
Primero se fija al peón blanco en b3, se le clava en su sitio.

14.♘e2 a5
El plan estratégico de ataque de las negras consta de tres partes.

1. Después de a4 y axb3 debe quedar abierta la columna torre.

2. Luego, con sus fuerzas penetrará en el campamento enemigo en la arteria abierta y finalmente...

3. Acumular nuevas reservas para el ataque al rey.

15.f4
También las blancas planean un ataque de envergadura; pero no les resultará fácil abrir columnas: la falange negra de peones f7, g7, h7 está intacta.

15...♘d7!
Las negras trasladan inmediatamente nuevas reservas al ala de la dama.

16.f5 ♘c5

17.♕f3 a4!!
Excelente y valerosamente jugado. Por lo demás son cualidades indispensables de carácter en el juego agresivo: valor, sangre fría y confianza en sí mismo.

Las negras sacrifican una pieza, ya que la lucha se desarrolla ante todo bajo la divisa «¡Tiempo, tiempo!». Si son ellas las primeras que consiguen arremeter contra el rey, ya tienen la azada en la mano.

18.h4
Pero esta jugada sólo tiene un carácter «declarativo», porque, como ya se ha dicho, el ala del rey negro no está debilitada. Pero además debe subrayarse lo siguiente: las piezas blancas permanecen muy pasivas y aunque consiguieran desguarnecer al rey enemigo no podrían atacarlo inmediatamente de un modo eficaz.

18...axb3

19.axb3 ♖a2!
La torre ha penetrado ya en el campamento enemigo.

20.fxe6 fxe6

21.♕e3 ♕a5!
Ahora ya amenaza (22...♖xb2 23.♔xb2 ♕a3+ y ♖a8).

22.c4 ♖xb2!
Es destruida la mejor pieza defensiva del rey blanco.

23.♔xb2 ♕a3+

24.♔b1 ♖a8
El ataque negro se ha desencadenado.

Las favorables condiciones previas están a la mano:

1. El rey blanco se encuentra desguarnecido.

2. Las negras tienen superioridad de material en el sector decisivo.

25.♘c1

Se acumulan nuevas reservas defensivas.

25...♕a1+
26.♔c2 ♖a2+!

Las negras son implacables. Con estos movimientos le arrebatan al rey la última «hoja de parra».

27.♘xa2 ♕xa2+
28.♔c1 ♘xb3+

Con especial vistosidad resalta aquí en el primer plano la importancia de la iniciativa. Las negras fuerzan continuamente al contrincante a prestar asentimiento a su áspera voluntad. No siempre la iniciativa se presenta de modo tan obligatorio, pero es el más importante fenómeno que acompaña a todo ataque con éxito.

29.♕xb3 ♕xb3

El peligro de mate es suprimido a costa de una gran pérdida de material. El resto es una cuestión de técnica sin complicaciones.

30.♖d2 ♕c3+
31.♖c2 ♕e3+
32.♔b2 ♕a3+
33.♔b1 b3
34.♖b2 ♕b4
35.g5 ♗d8!

El alfil busca un nuevo círculo de actividad.

36.♖c1 ♗b6
37.♗h3 ♔f7
38.h5 ♗d4
39.g6+ hxg6
40.hxg6+ ♔e7

Las blancas abandonaron.

Pero no se debe pensar que todas las partidas por el estilo son tan fáciles y que transcurren «como sobre ruedas». A menudo el atacante tiene que contar con un peligroso contraataque.

Junto al río Volga

Según Boris Weinstein

Bajo la umbrosa arboleda del parque junto al río Volga, hay infinidad de mesillas con tableros de ajedrez, el ruido de cuyas piezas es permanente, y no cesa el festivo diálogo entre los concurrentes. Allí se juega «echando a los que pierden con caras destempladas»; esto es, el que pierde dos partidas cede el sitio a otro y se larga.

–¿Quiere jugar conmigo? –le preguntó el anciano al ganador.
A lo que éste contestó:
–¿Cómo está del corazón? ¿No le causará infarto si tiene que salir de estampida?
–No estoy muy seguro de ello –contestó el hombre con cierta vacilación–, aunque creo poder resistir un par de partidas.

El sobredicho adolescente, a quien llamaban Sergei, jugó las blancas:

1.f4 e5
2.g3
–Aquí le aconsejaría que tomase el peón –le dijo el anciano, y jugó rápidamente:
2... exf4
–Los peones comen por la diagonal –respondió gallardamente Sergi, y jugó:
3.gxf4
A lo que siguió:
3...♛h4# mate.

El joven de la gorra gris se quedó suspenso un momento, transcurrido el cual hizo girar el tablero, para jugar las negras, y explicó:

–Con objeto de abreviar tiempo.

Y empezaron la segunda partida:

1.e4 e5
2.♘f3 ♘c6
3.♗c4 h6
4.♘c3 d6
5.d4 ♗g4

–Es prematuro intentar la clavada –le dijo el anciano, e hizo el movimiento:

6.dxe5

–¡Trabazón y ataque simultáneos! –exclamó Sergei, y, satisfecho, contestó:

6... ♘xe5

La respuesta fue:

7.♘xe5

–Abuelo, descuida la dama –dijo el adolescente, con tono reprobador–. Pero no le dejo volver atrás la jugada. –Y tomó rápidamente la referida pieza:

7...♗xd1

–Nuestros antepasados también sabían jugar sin la dama –repuso el anciano:

8.♗xf7+

–¿Tuvo antepasados? Pues creí que usted era un antepasado –exclamó Sergei, jugando:

8... ♚e7

–Me refería a nuestros antepasados ajedrecistas –contestó el viejo; y:

9.♘d5# mate.

–¡Mate de Legal! –prosiguió el viejo enjuto de carnes.

Silenciosos, los presentes mantenían fija la mirada en el tablero. Y el joven de la gorra gris respondió con seriedad:

–Es una combinación muy bonita. ¿Cómo ha podido calcularla tan pronto en el tablero?

–No ha sido necesario hacerlo –le contestó el hombre–. Pues hace poco menos de doscientos años que se conoce. Se llama «mate de Legal», nombre del ajedrecista francés que la desarrolló. También es posible en otro orden de movimientos:

1.e4 e5
2.♗c4 d6
3.♘f3 ♘c6
4.♘c3 ♗g4
5.♘xe5
6.♗xf7+ ♚e7
7.♘d5# mate.

–Así ganó Legal a su compatriota Saint-Brie, en 1787. Es cierto que pudo haber perdido, si su adversario hubiese respondido con 5...♘xe5; pero a Legal se le puede perdonar este descuido, pues contaba ochenta y cinco años de edad cuando jugó esta partida.

–Abuelo, ¿conoce usted muchos artificios como ése? –preguntó uno de los circunstantes, que era estudiante y se llamaba Nikolai.

–Bastantes.

–Pues nosotros no sabemos ninguno. ¿Querría usted darnos a conocer algunos?

–Con mucho gusto contestó el avellanado viejo, quien no era otro sino el autor de este texto.

Mate de Legal

Según Vasily Panov

Legal-Chérmy, 1750

1.e4 e5
2.♘f3 d6
3.♗c4 ♗g4
4.♘c3 g6? (Lo procedente
es 4...♘f6)
5.♘xe5! ♗xd1??
6.♗xf7+ ♚e7
7.♘d5# mate.

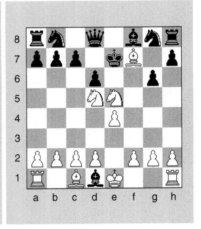

Lucha estratégica

Según Alexander Koblenz

Seguimos con una interesante lucha estratégica en el ejemplo siguiente.

El asalto de los peones blancos está en todo su apogeo. Pero la columna abierta es un contratriunfo nada despreciable de las negras.

Lipnizky-Sacharev

1.g6 ♛a5
Amenazan las negras con ♛a3!. A 1...fxg6 podría seguir (2.hxg6 hxg6 3.exd5 cxd5 4.♘xd5 exd5 5.♛xd5+ ♜f7 6.♜h8+!)
2.gxh7+ ♚h8

A veces es conveniente esconder al rey detrás del peón adversario. Pero aquí esta maniobra no brinda ninguna salvación, la casilla g7 en la columna abierta se convierte en objeto accesible para el ataque.
3.♜dg1 ♛b4
4.b3 dxe4
5.♗d4 e5
6.fxe5 c5
A esta posibilidad táctica se habían abandonado las negras.
7.♗c4!

Con la espantosa amenaza ♛g2. Las negras habían esperado solamente (7.♗e3 a

25

lo que podrían seguir 7...
♘xe5 8.♗h6 gxh6 9.♕xh6
♘g4 10.♗xg4 ♕xc3! con
contrajuego.)

7...♖d8

8.♖xg7!

¡Ahora es el triunfo de la táctica!

8...cxd4

En caso de (8...♔xg7 entonces 9.♖g1+ ♔xh7 10.♕g2).

9.♖hg1 ♗f8

10.♕h6

Las negra abandonaron.

Apertura de diagonales para mate

Según Alexander Koblenz

En el siguiente ejemplo la lucha gira en torno de la apertura de diagonales.

Keres-Petrov

1.h4!
Con la amenaza h5. Para suprimir ésta, las negras debilitan su cadena de peones.

1...h5

Después de la partida se demostró que las negras debieron admitir el avance con sangre fría: (1...♞xe5 2.fxe5 ♝g7 3.h5 ♛g4 4.♛e3 ♝f5, a pesar de que las blancas conservan la iniciativa después de 5.♖h2 y 6.♖dh1). Pero era difícil prever que las blancas con tres sacrificios de peones iban a obtener un ataque decisivo.

2.g4! ♝xe5
3.fxe5 ♛xg4

4.♛e3 ♞xb4
(Al movimiento de bloqueo 4...♝e6 podría seguir las blancas con 5.♖dg1 y 6.♛h6.)
5.e6!
(Abre al alfil en b2 la diagonal, ahora amenazaba ya 5...♝e6.)
5...♞d5

(Contra 5...♘xd3+ tenía pensado Keres 6.cxd3 fxe6 7.♖df1 ¡había la amenaza de cambio de damas!)

6.exf7+ ♖xf7

7.♗c4!

El armónico juego conjuntado tiene un aire muy estético. ¡Nuestra fórmula mágica en acción!

7...c6

(7...♘xe3 El caballo no debe comer a la dama a causa de 8.♖d8 mate. 7...♕xc4. Tampoco la dama debe comer al alfil a causa de 8.♕e8+ ♖f8 9.♕xg6# mate.)

8.♖xd5 ♕xc4

9.♕e8+

Y las blancas ganaron.

Naturalmente no se debe suponer que en los asaltos de peones se trata sólo de, en un caso, abrir las columnas para las torres, en otro, abrir las diagonales para los alfiles. No, ni muchísimo menos. Sólo en el juego armónico conjuntado de todas las piezas atacantes debe verse la particularidad del asalto de los peones. Por lo demás, nuestro tema es uno de los más difíciles en el ajedrez; exige más que nunca un profundo talento creador. He aquí una ilustración aleccionadora de la práctica del excampeón mundial.

Tal-Tolush

1.c4 ♘f6

2.♘c3 g6

3.e4 d6

4.d4 ♗g7

5.f3 e5

6.♘ge2 ♘bd7

7.♗g5 c6

8.♕d2 O-O

9.d5

9...c5?

Ese es un grave error estratégico. Como se confirma repetidas veces, la mejor reacción contra un ataque por el ala consiste en un contragolpe en el centro. Si el centro está cerrado, se puede sin estorbos dedicarse al ataque del ala. Con el movimiento del texto Tolush echa agua en el molino de su adversario. Debió jugar (9...♘b6 y las blancas tendrían que contar siempre con 10.dxc6 y contrajuego de las negras.)

10.g4
¡La primera señal para el ataque!
10...a6
11.♘g3 ♖e8
12.h4 ♕a5
Esta jugada «activa» se muestra como mero fuego de artificio y lleva sólo a una pérdida de tiempo.
13.♗h6
La conocida maniobra contra la elaboración del fianchetto. Con el centro cerrado el alfil en g7 sirve como excelente fuerza de defensa. Por eso las blancas ofrecen el cambio de alfiles «con toda amistad».
13...♘f8
14.h5 ♕c7
15.♗d3 b5
También las negras atacan a la cadena de peones adversarios.
16.O-O-O
Las blancas rechazan el sacrificio ofrecido de peón, porque después de (16.cxb5 axb5 17.♘xb5 ♕b6) sería de temer una contrapresión sobre la columna abierta.
16...bxc4
17.♗b1!

(No 17.♗xc4 que podría traer una reanimación de las negras después de17...♗d7 y luego ♗b5.)
17...♗h8
Las negras han decidido conservar el alfil, pero eso permite a las blancas reforzar su presión sobre el ala del rey.
18.♖dg1 ♖b8
19.♘f5 ♘6d7
20.♗g5!
(Amenaza ya ♘h6+. Sería erróneo 20...f6 a causa de 21.hxg6 hxg6 22.♕h2.)
20...♗g7
21.♘xg7 ♔xg7
22.♗h6+ ♔g8
Las blancas han alcanzado mucho con su maniobra insignificante, la posición del rey está debilitada, el alfil h6 es un vecino desagradable del rey negro. Ya están dispuestas las torres blancas para el ataque. Y sin embargo, es largo el camino hasta un ataque con éxito, hay que traer nuevas reservas de combatientes para hacer prisionero al rey negro.

Este objetivo es el que persigue las siguientes jugadas de las blancas.

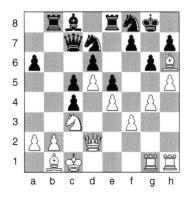

23.f4!
Amenaza f5 y obliga a comer el peón alfil, lo que de nuevo hace posible que el caballo y el alfil tomen parte en el ataque. Es importante que las negras no logren bloquear la casilla e5 con caballo ♘e5.
23...exf4
24.♕xf4 ♕d8
(No conviene 24...♘e5 a causa de 25.♕f6.)
25.hxg6 ♘xg6

Después de esta jugada la posición del rey negro queda cuarteada. Pero también después de otros movimientos la situación de las negras es crítica, como ha demostrado el maestro Panov:

(25...fxg6 26.♗g5 ♕b6 27.♘a4 ♕a5 28.♖f1 ♘e5 (28...♕xa4 29.♕f7+! ♔h8 30.♗h6) 29.♗e7! ♗xg4 30.♗xd6. O 25...hxg6 26.♗g5 f6 27.♕h2 fxg5 28.♕h8+ ♔f7 29.♖f1+ ♘f6 30.e5! y ♗xg6.)

26.♕h2 ♘de5
27.♗f4
Más acertado era (27.♗e3) y seguir como en la partida.
27...♘f8
También las negras, visiblemente cansadas por la difícil lucha, escogen lo que no es lo mejor. Debieron jugar (27...♘xf4)
28.♕h6 ♘eg6
29.♗g5 f6

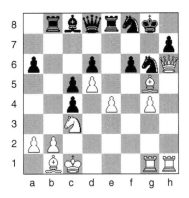

30.e5!

¡Un prodigioso movimiento de fuerza! Todas las piezas blancas disparan estrepitosamente contra la cabeza del rey negro.

30... ♖xe5

(No se jugó 30...fxg5 a causa de 31.♗xg6 hxg6 32.♕h8+ ♔f7 33.♖h7+!)

31.♗xg6 ♖b7
32.♘e4 fxg5
33.♖f1 ♖xe4

(Contra 33.♘f6+ no había ninguna salvación.)

34.♗xe4 ♖g7
35.♖f6 ♗xg4
36.♖hf1 ♘d7

37.♖xd6 ♕e7
38.♖xa6 ♔h8
39.♗xh7 ♘b8
40.♗f5+ ♔g8
41.♗e6+ ♗xe6
42.♖xe6

Las negras abandonaron.

Hemos visto que en las posiciones en que el atacante tiene ya a su disposición columnas abiertas, por ejemplo, a consecuencia de cambios favorables en la fase de la apertura, el ataque de las piezas menores desempeña el papel principal.

Ruptura en la columna alfil

Según Kurt Richter

Un ataque frontal apenas tiene perspectivas de forzar el mate en la primera docena de jugadas. Pero como en el ajedrez no hay casi ninguna regla que no tenga su excepción. Ahora sigue un ataque realizado contra la columna alfil y llevado a cabo victoriosamente en doce jugadas.

Morphy-Conway
Nueva York, 1859

1.e4 e5
2.f4 exf4
3.♘f3 g5
4.♗c4 g4
5.d4 gxf3
6.♕xf3 ♗h6?
(Con 6...d5! 7.♗xd5 ♘f6!, las negras tenían buenas perspectivas de defender el gambito «Ghulam-Kassim».)

7.O-O ♘e7
8.♗xf4 ♗xf4

9.♗xf7+!
(El segundo sacrificio que ayuda al triunfo definitivo en la columna alfil.)
9...♔xf7
10.♕xf4+ ♔g7
(Aún se resisten, pero no les sirve de nada.)
11.♕f6+ ♔g8
12.♕f7# mate.

Peligro en el enroque largo

Según Alexander Koblenz

En el enroque largo el talón de Aquiles es la casilla a2. Por lo general se juega precavidamente ♔b1; pero no siempre se encuentra tiempo para eso. Ese es el caso que se produce aquí.

He aquí algunos ejemplos que muestran los peligros del enroque largo.

Slonjim-Riumin

13...♗a3
14.♘a4 ♗xb2+
15.♘xb2 ♛a3
16.♛e5 ♜e8
17.♛d4 c5
18.♛c3 ♛xa2
19.♗e1 ♜e2!!
Hermosamente contrarrestado.
20.♗xe2 ♘e4
Las blancas abandonaron, la red de mate es indestructible.

Pillsbury-Lasker

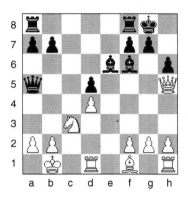

Las blancas subestimaron la posición activa de la dama negra y el tener a su disposición el enemigo la columna abierta.

16.f4 Las blancas juegan al ataque.
16... ♖ac8
17.f5 ♖xc3
18.fxe6
(Mejores perspectivas de defensa ofrecía 18.bxc3 ♕xc3 19.♕f3. Pero para el atacante es a menudo psicológicamente difícil pasar del ataque a la defensa.)

18... ♖a3
19.exf7+ ♖xf7
20.bxa3 ♕b6+
21.♗b5
(En caso de 21.♔a1 ♗xd4+ 22.♖xd4 ♕xd4+ 23.♔b1 ♕e4+ y ♖f2.)
21...♕xb5+
22.♔a1 ♖c7
23.♖d2 ♖c4
24.♖hd1 ♖c3
25.♕f5
(En caso de 25.♕e2 entonces 25...♖c1+!)
25...♕c4
26.♔b2 ♖xa3!!
27.♕e6+ ♔h8
28.♔xa3 ♕c3+
29.♔a4 b5+
30.♔xb5 ♕c4+
31.♔a5 ♗d8+
32.♕b6 ♗xb6# mate.

En la columna abierta alfil en la defensa siciliana la casilla c2 atrae sobre sí, como un imán, la atención del adversario.

Sacharov-Wasjukov

1.e4 c5
2.♘f3 ♘c6
3.d4 cxd4
4.♘xd4 g6
5.♘c3 ♝g7
6.♝e3 ♘f6
7.♝c4 d6
8.f3 ♛b6
9.♝b5 ♛c7
10.g4 ♝d7
11.♛d2 O-O
12.♝e2 ♜fc8
13.O-O-O b5
14.♘cxb5

Abre voluntariamente al adversario la columna. Las blancas debieron continuar con g5.

14...♛b7
15.♘xc6 ♝xc6
16.♘d4 ♘xe4

Mientras las blancas están ocupadas con sus «movimientos de rapiña», han descuidado su ataque por el ala del rey, pero, lo que es peor, el adversario sigue teniendo a su disposición la columna. No es de extrañar que de ello resulte para las negras una hermosa posibilidad de ataque.

17.fxe4 ♝xe4
18.♜he1 ♜xc2+
19.♛xc2
(No 19.♘xc2 a causa de 19... ♛xb2# mate.)
19...♝xc2
20.♚xc2 ♜b8
21.b3
(En caso de 21.♘b3 entonces a5!)
21... ♜c8+
22.♚b1 ♜c3
23.♝f3 ♛b4
24.♘c2 ♜xc2!

Las blancas abandonaron.

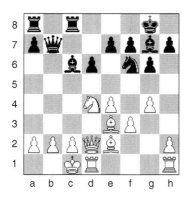

El enroque corto y largo

Según Kurt Richter

La literatura ajedrecística conoce muchas más victorias de mate contra el enroque corto que contra el enroque largo, lo que no es de extrañar. Los dos ceros (0-0) se encuentran también con mucha más frecuencia en las partidas que los tres ceros (0-0-0); sí, para muchos jugadores el enroque largo significa sólo una ayuda de emergencia, desde el momento en que lo juegan ven su partida casi fracasada. Cierto que esto es muy exagerado, pero no deja de haber un granito de verdad en esta apreciación. Lo que para el 0-0-0 son las columnas torre y caballo dama, son para el 0-0 las columnas caballo y torre rey.

Tröster-Voss
(Hamburgo, l936)

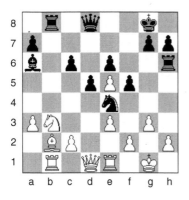

¿Cómo consiguen las negras pasar al ataque decisivo contra la casilla h7?

Muy simple con:

1...♕h4!!

La hermosa jugada es posible porque no es de temer 2.gxh4 a causa de ♖g6+ 3.♔h1 ♘xf2#mate.

Contra el enroque largo avanzan por las columnas torre dama y caballo dama, las piezas pesadas.

Koch-Zollner
(Munich, 1938)

¡La más alta eficacia atacante de casi todas las piezas pesadas negras!

Se produce un instructivo desmoronamiento de la posición blanca de enroque.

1... ♖xa2!
2. ♘xa2 ♘e2+!
(Desenmascaramiento del alfil.)
3. ♔b1
3... ♕xb3+
4. cxb3 ♖xb3+
5. ♔c2 ♖b2# mate.

Mate en la defensa siciliana

Según Vasily Panov

En esta partida puede comprobarse que no todo intento de jugar según el propio temperamento, desentendiéndose por completo de las normas teóricas, es acertado. Toda innovación está justificada si concuerda con el espíritu de la apertura que se ha elegido. En la defensa siciliana, por ejemplo, el caballo de rey debe situarse en la casilla f3, donde defiende a su rey de los ataques de la dama contraria y ejerce presión en el centro; sobre todo, contra el peón e5 adversario.

Aquí la derrota que ha sufrido Suetin, gran maestro y teórico frente a Tahl, excampeón del mundo, se debe mayormente al desacertado planteamiento del desarrollo de sus piezas y a la falta de vinculación en las acciones defensivas de las mismas.

Defensa siciliana
Tahl-Suetin, 1969

1.e4 c5
2.♘f3 e6
3.d4 cxd4

4.♘xd4 a6
5.♗d3 ♘e7
(Lo correcto era 5...♗c5 o 5...♘c6)
6.♘c3 ♘bc6
7.♘b3 ♘g6
8.O-O b5
9.♗e3 d6
10.f4 ♗e7
11.♕h5! ♗f6
12.♖ad1 ♗xc3
13.bxc3 ♕c7
14.♖d2 ♘ce7
15.♘d4 ♗d7
16.f5 exf5
17.exf5 ♘e5

18.♘e6! ♝xe6
19.fxe6 g6
20.♛xe5!! dxe5
21.exf7+
Y las negras se rindieron.

Defensa siciliana
Schwarz-Markwardt, 1950

1.e4 c5
2.♘f3 d6
3.d4 cxd4
4.♘xd4 ♘f6
5.♘c3 g6
6.f4 ♝g7?
(Había que haber prose-
guido 6...♘c6!)
7.e5 dxe5
8.fxe5 ♘d5
9.♝b5+ ♚f8
10.O-O ♝xe5
(Las negras no podrán sortear
el peligro en c6 y a 10...♘xc3??

habría seguido 11.♘e6+)
11.♝h6+ ♚g8
12.♘xd5 ♛xd5
13.♘f5! ♛c5+
14.♝e3 ♛c7
15.♘h6+ ♚g7
16.♖xf7# mate.

Defensa siciliana
Kroguius-Ojanen, 1951

1.e4 c5
2.d4 cxd4
3.♘f3 e5
4.c3
(4.♘xe5? no se puede jugar,
pues sigue 4...♛a5+)
4...dxc3
5.♘xc3 d6
6.♝c4 h6?
(Se debía jugar 6...♘c6)
7.♝xf7+ ♚xf7
8.♘xe5+ ♚e7

9. ♘d5+ ♚e6
10. ♕g4+ ♚xe5
11. ♗f4+ ♚d4
12. ♗e3+ ♚e5
13. ♕f4+ ♚e6
14. ♕f5# mate.

II. Sacrificio y mate

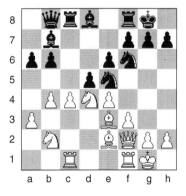

Sacrificios de mate, defensa siciliana

Según Rudolf Spielmann

R. Spielmann-Dr. S. Tartakower

1.e4 c5
2.♘f3 e6
3.d4 cxd4
4.♘xd4 a6

Demasiado entretenida, como lo demuestra la réplica de las blancas. Es mejor 4...♘f6, induciendo a jugar 5.♘c3, cuando la tensión de las blancas en el centro es menos marcada que en la jugada efectuada.

5.c4! ♘f6
6.♘c3 ♕c7
7.a3! ♗e7
8.♗e2 O-O
9.O-O d6
10.♗e3 ♘bd7
11.♖c1 b6
12.b4 ♗b7
13.f3 ♖ac8
14.♕e1! ♕b8

15.♕f2 ♗d8
16.♘a4 ♘e5
17.♘b2 d5?

Las piezas de las negras no están colocadas favorablemente para la ruptura del juego que este movimiento conlleva. Lo correcto era 17...♗c7.

18.exd5 exd5
19.♘f5! ♘xc4
20.♘xc4 dxc4
21.♗xc4 ♕e5

Una defensa mejor era: 21...b5 22.♗d3 ♖xc1 23.♖xc1 ♗c8 24.♗c5 ♗xf5 25.♗xf5 ♖e8, aunque las blancas continúen con la ventaja de los dos alfiles.

22.♗d3 ♖xc1
23.♖xc1 ♘d5
24.♗d4 ♛f4
25.♖e1 ♗f6
26.♗xf6 gxf6?

Una resistencia más prolongada es posible después de 26...♘xf6, a pesar de la pérdida del peón caballo dama. 27.g3 ♛c7

O 27...♛g5 28.h4 ♛h5 29.g4. Y las blancas ganan la dama.

28.♛d2 ♛c3

Las blancas están mejor por varios conceptos: la mala posición del rey de las negras permite un ataque de mate, el cual pasa a ser el objetivo final de un sacrificio.

Este sacrificio es parte de las actuales operaciones de mate y solamente se efectúa en el sentido de ganar el tiempo necesario para eludir el cambio de damas sin tener que detenerse a defender la torre.

29.♛h6 ♛xe1+

El Dr. Tartakower siempre atento hacia su pequeña diversión, insiste en que «sea demostrado».

30.♗f1 ♖e8
31.♛g7# mate.
Un ejemplo original.

Un genio, contra un conde y un duque

Según Boris Weinstein

En octubre de 1859, se representó El barbero de Sevilla en la Ópera de París. Los palcos y butacas estaban ocupados por «le beau monde» parisiense, entre los que figuraban el conocido duque de Brunswick y el poco conocido conde Isouard. Los dos jugaban bastante bien al ajedrez en aquel tiempo.

A dicha representación asistió el genial Paul Morphy. En el entreacto, el conde y el duque invitaron a Morphy a su palco. Desconozco si la actuación de los artistas fue brillante; pero sé que, en el referido palco, se creó una obra inmortal.

Morphy-conde de Isouard y duque de Brunswick
1.e4 e5
2.♘f3 d6
3.d4 ♗g4
4.dxe5 ♗xf3
5.♕xf3 dxe5
6.♗c4 ♘f6
7.♕b3 ♕e7

8.♘c3
(Aquí, Morphy podia ganar el peón negro en b7; pero las negras hubiesen forzado el cambio de dama, lo que neutralizaba el ataque de las blancas. Aunque es realizable 8.♗xf7+ ♕xf7 9.♕xb7. Sin perder tiempo Morphy terminó la movilización de sus piezas.)
8...c6!
9.♗g5
En cada movimiento, las blancas hacen entrar una pieza en el juego; ahora señorean en el campo de batalla.

9...b5

10.♞xb5 cxb5
11.♗xb5+ ♞bd7
12.O-O-O ♖d8
13.♖xd7

Las blancas ceden calidad, con objeto de que la otra torre entre en acción sin pérdida de tiempo y asegure la superioridad de fuerzas sobre el punto atacado, al paso que Morphy calculó una variante que le asegurase la victoria. En caso de que hubiese encontrado obstáculos para llevarla a término, podía jugar 13.♖d3, al objeto de continuar luego 4.♖(h1)d1, y tomar el caballo en d7.

13...♖xd7
14.♖d1 ♛e6

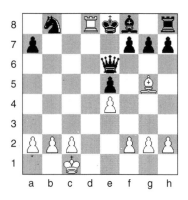

Las blancas dan mate en tres jugadas; pero ninguno de vosotros adivina en qué casilla.

15.♗xd7+ ♞xd7
Mientras don Basilio cantaba en el escenario: «Y estalló como una bomba...», Morphy jugó:
16.♛b8+!! ♞xb8
17.♖d8# mate.

–Si no hubiera sido por esta partida, nadie hubiese conocido al conde Isouard, cuyo nombre conocen millones de aficionados al ajedrez. De esta manera, un genio inmortalizó a un conde. –¿En qué consiste el error cometido por el conde y el duque? ¿Por qué perdieron tan pronto la partida?
–Creo que se precipitaron al querer clavar el caballo a la tercera jugada. Era mejor el movimiento (3...♞d7) o (3...♞f6).

Y sin mirarle

Según Boris Weinstein

En una variante de la defensa de Caro-Kann hay una celada muy sutil que termina en mate a la sexta jugada. Es tan inesperada que, a veces, hasta maestros caen en ella.

En el torneo internacional de 1950, celebrado en Trzcinsko-Zdroj, Keres jugó la siguiente partida:

1.e4 c6

2.♘c3 d5

3.♘f3 dxe4

4.♘xe4 ♘f6

En esta posición Keres continuó:

5.♕e2

y abandonó su asiento, dejando al maestro polaco Arlamovski que pensase. Se dio una vuelta por la sala y, al volver a su mesa, vio que su adversario había efectuado el movimiento:

5.♘bd7

Por lo que, de pie ante él y sin mirarle a los ojos, cogió su caballo de la casilla e4 y lo puso despaciosamente en la casilla d6. ¡Jaque mate!

6.♘d6# mate.

Esta celada también se puede elevar a efecto en otro orden de jugadas. Ejemplo:

1.e4 c6
2.d4 d5
3.♘c3 dxe4
4.♘xe4 ♘d7
5.♛e2 ♘gf6
6.♘d6# mate.

Otro caso más; en éste, el caballo da jaque mate desde otro lado:

1.e4 g6
2.♘c3 ♘f6
3.♘d5 ♘xe4
4.♛e2 ♘d6
5.♘f6# mate.

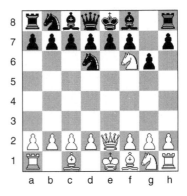

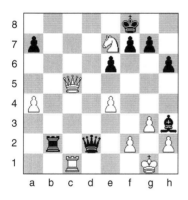

Empujando dentro de la red de mate

Según Kurt Richter

Empujar al rey enemigo de una casilla relativamente segura, mediante una soberbia jugada de sacrificio dentro de una red de mate, constituye una de las más usuales combinaciones de mate.

H. Starke-Neubauer
(Partida a distancia, 1918)

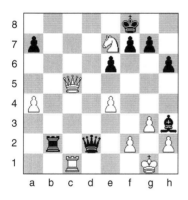

Con:

(1.♘g6+ ♚g8)
(2.♕c8+ ♚h7 Las blancas no consiguen nada, al contrario. Pero tampoco el otro jaque a la descubierta 1.♘f5+ ♚g8 promete mucho, sin embargo se puede forzar con 2.♕f8+!! al rey a meterse en una red de mate:)

2...♚xf8 (2...♚h7 3.♕xg7# mate.)

3.♖c8+ seguido de mate por las blancas.

Keres-Földsepp
(Partida distancia, 1933)

Después de:

1.♕xg6+ ♔g8 (1...♔e7
2.♕xg7+ carece igualmente
de perspectivas) creían las
negras poder respirar tran-
quilas, ya que además ame-
nazaban con jaque.
Pero entonces llegó el golpe
teatral con:

2.♕h7+!!

El rey negro se vio metido a
la fuerza en un aniquilador
jaque a la descubierta:
2... ♔xh7
3.♗f7# mate.

¡Una conocida configura-
ción de mate!
Estos asaltos fulminantes se

producen la mayoría de las
veces en el transcurso de la
lucha casi por sí mismos; pero
también pueden ser prepara-
dos, puestos como trampa.
¡Desdichado del incauto que
entra entonces en ella! Además del daño ha de soportar,
para colmo, la burla.

N. N.-Dr. Ludwig
(Wurzburgo, 1936)

Las negras pueden cubrir
todo con (1...♕d4), pero
movieron 1...♖e8!
Desde luego las blancas pudieron pensar que las negras
evitaban el cambio de damas
porque a pesar de la calidad
apenas podían ganar al final
del juego con los peones des-
perdigados. Así pues, toma-
ron descuidadamente el peón:

2.♕xa7? para inmediatamente después arrepentirse con amargura:

2... ♕e1+!!

3.♔xe1 (¡Metido en el jaque con dos piezas!)

3...♗c3+

4.♔f1 ♖e1# mate.

Una larga cacería del rey con un éxito final de mate.

Löchner-Kärchner
(Jugada en 1940)

Con:

1.♖xh7+! se inició el empujón hacia el mate que llevó del modo siguiente, a un mate hermoso y forzado:

1...♔xh7

2.♖h1+ ♗h6

3.♖xh6+! ♔xh6

4.♕f4+ g5

(4...♕g5 5.♕h2+)

5.♕h2+ ♔g6

6.♕h5+ ♔f6

7.♕f7# mate.

Tras 2...♗h4 (Habría sido decisivo 3.♕xe8.)

Estas formas de la conducción exigen un cierto arte del cálculo, porque a pesar de todo hay que ver de antemano un gran número de jugadas. En este aspecto podemos admirar especialmente la partida que sigue.

Westler-Dr. Krejcik
(Viena, 1913)

Una de esas posiciones en las que el jugador (aquí las negras) ha de encontrar la combinación o está perdido. Las negras, con dos piezas menos y amenazadas por ataque de mate (♛e6+, etcétera), sólo pueden salvarse dando jaques. Con un doble sacrificio de torre lleva al rey enemigo al terreno de su dama y lo persigue entonces hasta la muerte, ¡casi un milagro!.

1... ♜xb1+!
2.♚xb1 ♜a1+!!
3.♚xa1 ♛a4+
4.♚b1 ♛a2+
5.♚c1 ♛a1+
6.♚d2 ♛xb2+
7.♚d3 ♛c2+
8.♚d4 ♛c4+
9.♚e5 ♛d5+
10.♚f6 ♛f7+! (Empieza el regreso.)
11.♚e5 (11.♚g5 tampoco sirve de nada.)
11...♛f5+

12.♚d4 c5+! (¡La más fina jugada! Un jaque de dama sólo habría producido tablas.) 13.♚c3 ♛c2# mate.

¡Una espléndida cacería! Primeramente el rey es obligado a hacer una visita al campamento enemigo, luego, con deshonra y ludibrio, es cazado hasta su patria y estrangulado a la vista de sus fieles.

Se podrían traer aún a colación muchos ejemplos de sacrificios de dama o de afiles en h6 o en h3, pero este tipo de atracción a la red del mate es muy frecuente.

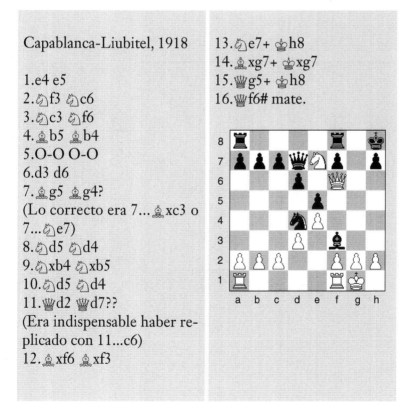

Mate en la apertura de los cuatro caballos

Según Vasily Panov

Esta partida refleja el peligro que entraña simetrizar el juego con el contrincante.

Capablanca-Liubitel, 1918

1.e4 e5
2.♘f3 ♘c6
3.♘c3 ♘f6
4.♗b5 ♗b4
5.O-O O-O
6.d3 d6
7.♗g5 ♗g4?
(Lo correcto era 7...♗xc3 o 7...♘e7)
8.♘d5 ♘d4
9.♘xb4 ♘xb5
10.♘d5 ♘d4
11.♕d2 ♕d7??
(Era indispensable haber replicado con 11...c6)
12.♗xf6 ♗xf3

13.♘e7+ ♔h8
14.♗xg7+ ♔xg7
15.♕g5+ ♔h8
16.♕f6# mate.

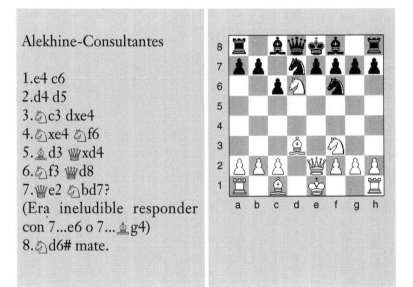

Mate en la defensa Caro-Kann

Según Vasily Panov

Esta partida ilustra el peligro que conllevan los movimientos vulgares y rutinarios, jugados sin reflexión ni previsión.

Alekhine-Consultantes

1.e4 c6
2.d4 d5
3.♞c3 dxe4
4.♞xe4 ♞f6
5.♝d3 ♛xd4
6.♞f3 ♛d8
7.♛e2 ♞bd7?
(Era ineludible responder con 7...e6 o 7...♝g4)
8.♞d6# mate.

Sacrificios de mate, defensa Caro-Kann

Según Rudolf Spielmann

R. Spielmann-B. Hönlinger

1.e4 c6
2.d4 d5
3.♘c3 dxe4
4.♘xe4 ♘f6
5.♘g3 e6
6.♘f3 c5
7.♗d3 ♘c6
8.dxc5 ♗xc5
9.a3

(Conserva su alfil rey en d3 sobre la su diagonal atacada, en previsión de 9...♘b4 y prepara 11.b4, creando una diagonal de ataque para el otro alfil.)

9...O-O
10.O-O b6
11.b4 ♗e7
12.♗b2 ♕c7?

(Débil, ya no previene contra 15.♘g4. Es mucho mejor 12...♗b7)

13.b5 ♘a5
(Lo mejor es 13...♘b8 y si 14.♗e5 entonces 14...♕d7!)

14.♘e5 ♗b7
(Es preferible 14...♘b7 seguido de ♘c5, etc.)

15.♘g4
Tratando de ganar la partida rápidamente por la ruptura del flanco de rey.

15...♕d8
(Debió jugar 15...♕c5)

16.♘e3 ♘d5
(Lo justo era 16...♖c8. La jugada del texto desprecia las posibilidades de sacrificio.)

55

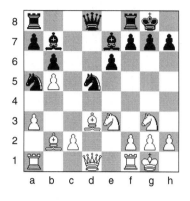

Las blancas en esta posición se jactan de estar adelantadas y mejor desarrolladas. En verdad, únicamente las piezas menores están movilizadas, pero las fuerzas blancas presionan en el ala de rey, mientras las piezas negras, algunas son inefectivas y están mal colocadas. Esto también se aplica particularmente al caballo en a5. En un sentido puramente posicional, las negras están muy bien situadas, además el peón c2 de las blancas está retrasado. El último movimiento de las negras es un intento prematuro para hacer énfasis sobre sus perspectivas posicionales. Además tendrían excelentes oportunidades si tuvieran tiempo de efectuar (...♗f6); por tal razón, además la posición no está fuera de peligro para el primer jugador.

Se requiere acción rápida y enérgica. La jugada de las negras 16...♘d5? permite a las blancas su oportunidad; mientras que (...♗f6) es una continuación débil, además esta parte del tablero se vuelve peligrosa. Así que las blancas pueden oportunamente lanzar su más poderosa pieza a la lucha, con efecto decisivo.

17.♕h5! g6
(17...g6) Aparte de este movimiento, únicamente (17...h6) y (17...f5), pueden también considerarse.
Si (17...h6 18.♗xg7! ♔xg7 19.♘gf5+ exf5 20.♘xf5+), seguido de mate en pocos movimientos.
Si (17...f5 18.♘exf5! exf5 19.♘xf5 ♘f6 20.♕g5! g6 21.♖fe1 ♗c5 22.♖e6 y ganan, por ejemplo: 22...♕d5 23.♘h6+ ♔g7 24.♖xf6! ♕xg5 25.♖xg6# mate.)

18.♘g4!
Este sacrificio de mate se inicia con el movimiento de la dama. Es pasivo en el sentido de que puede declinarse, pero así mismo, causa considerable debilidad al poder de resistencia del enemigo.

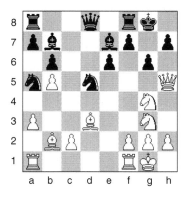

18...♗f6
La única defensa contra la jugada (19.♘h6+), (18...f6 falla contra 19.♗xg6 hxg6 20.♕xg6+ y 21.♘f5.)

La jugada (18...♘f6 es completamente refutada por medio de 19.♕h4 ♔g7) (Si 19...♕d5 4.♘xf6+, ganan una pieza; 20.♘xf6 ♗xf6 21.♘h5+! gxh5 22.♕g5+ ♔h8 23.♕h6, etc.)

19.♘xf6+ ♘xf6
(19...♕xf6 20.♗xf6 gxh5 21.♘xh5, el final de la partida lo ganan las blancas.)

El éxito del poderoso sacrificio de dama es ahora patente: el alfil de rey de las negras ha desaparecido, por lo tanto, el alfil de las blancas de b2 ha ganado un poder enorme.

20.♕h6
(No 20.♕e5, porque las negras fuerzan el cambio de dama con 20...♕d5!)

20...♖c8
21.♖ad1 ♕e7
22.♖fe1
La continuación para ganar en el acto es 23.♘f5!

22...♘e8
23.♘f5!
¡Que juegue cualquiera! La idea es que después de (23...gxf5 24.♗xf5 f6 25.♗xe6+ ♔h8 26.♖d7, gana.)

23...♕c5

(Si 23...♕c7, hay un bonito final por medio de 24.♗f6! tratando de ganar la dama por medio de 24.♘e7+; ni el caballo en f5 ni el alfil en f6 pueden capturarse; ni la casilla de las negras e7 puede recibir algún refuerzo.)

24.♖e5 ♗d5
(Después de 24...♕c7 las blancas ganan de la misma manera. Ahora sigue un típico ejemplo de un activo sacrificio de mate.)

25.♘e7+!
Abandonan.

El último movimiento originó un sacrificio de infiltración. Estamos procediendo

aquí con un sacrificio simulado. Si las negras capturan el caballo, las blancas han de continuar con el sacrificio de mate, así:
25...♕xe7
26.♕xh7+ ♔xh7
27.♖h5+ (Este es lugar de infiltración para la torre.)
27...♔g8
28.♖h8# mate.

La amenaza de mate como triunfo

Según Kurt Richter

Con ayuda de una amenaza de mate, el jugador puede en el final de juego, y no sólo aquí, ganar tiempo o material, y con ello decidir la lucha en su favor.

Dr. L.-Nikolussi
(Silandro, 1937)

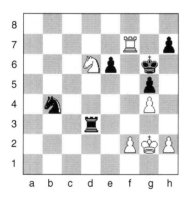

Las blancas no querían meterse en una clavada y por eso no cubrieron el ♘d6 con (1. ♖d7), sino que jugaron al contraataque con:

1. ♖b7?

Pero ahora perdieron de modo completamente inesperado una pieza con:

1...♘d5!
A causa de la amenaza de mate ♘f4+ seguido de ♖d1 mate, las blancas no tienen tiempo para salvar el caballo d6, porque también después de:

2. ♔f1

vino naturalmente:
2...♘f4

con la misma amenaza de mate. ¡Una curiosa ganancia de tiempo!

La amenza de mate es a menudo el último medio para conservar un peón libre en peligro.

Problema de F. Simbovici

Las blancas juegan y ganan.

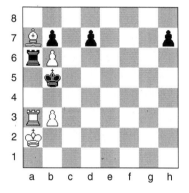

Después de:

1. ♖xa6 ♔xa6
2. ♔b2 h5

ya no hay manera de contener al peón libre. Sin embargo:

3. ♔c3!

Conquista al peón libre por inverosímil que parezca. Pues las negras tienen que jugar (3...♔b) con lo que después de (4.♔d3) etc., se pierde el peón libre y con ello la partida.

Si continúa avanzando el peón libre:

3...h4

entonces las blancas, con un sorprendente viraje de su rey dan mate al adversario:

4.♔b4! h3
5.♔a4 h2
6.b4 h1=♕
7.b5# mate.

¡Una inteligente idea!

Aunque el peón libre constituya sólo una esperanza de tablas, a veces basta la amenaza de mate para destruir tal esperanza.

W.-Heuächer
(Strehlen, 1937)

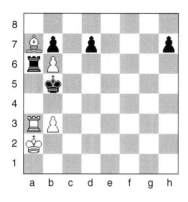

Con:

(1.g4! las blancas podían hacer tablas, por ejemplo:

1...hxg4
2.♔xg4 ♔f6
3.h5 g5
4.a6 seguido de h6, y a con-

tinuación conquista del último peón libre.)

En lugar de eso las blancas consideraron más fuerte el avance inmediato del peón libre:

1.a6?

Pero ahora tras:

1...♗xg3!
2.a7 ♗b8!

ha de suspirar por las tablas, porque a consecuencia de la amenaza ♗e3 mate, el orgulloso peón libre tiene que convencerse. ¡Vaya mala suerte!, pueden pensar las blancas. No les tenemos lástima, porque ¿con qué objeto echaron a perder las claras tablas?

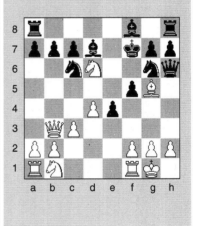

Mate en la apertura Ponziani

Según Vasily Panov

Apertura Ponziani
Chigorin-Gossip, 1889

1.e4 e5
2.♘f3 ♘c6
3.c3 d5
4.♕a4 f6
5.♗b5 ♘ge7
6.exd5 ♕xd5
7.O-O ♗d7
8.d4 e4
9.♘fd2 ♘g6?
(Lo justo habría sido 9...f5 y si 10.♗c4 entonces 10...♘a5!)
10.♗c4 ♕h5
11.♕b3 f5?

(Habría que haber proseguido 11...O-O-O)
12.♗f7+ ♔e7
13.♘c4 ♕h6
14.♗g5+ ♔xf7
15.♘d6# mate.

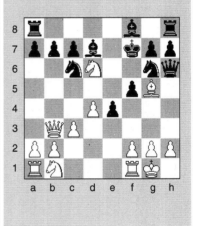

El rey da jaque mate

Según Boris Weinstein

Si dar jaque mate con un peón resulta difícil, seguramente que es imposible darlo con el rey, pero no hay nada imposible en el ajedrez.

Un rey no puede acercarse al otro rey para darle jaque mate, por supuesto; sin embargo..., he aquí una partida jugada entre el maestro norteamericano Edward Lasker y el maestro inglés sir George Thomas.
–¿Por qué lo llama sir?
–Por cortesía. Posee el título de lord y es un gran ajedrecista, esta partida se jugó en 1912.

E. Lasker-G. Thomas

1.d4 e6
2.♘f3 f5
3.♘c3 ♘f6
4.♗g5 ♗e7

5.♗xf6 ♗xf6
Las blancas quisieron abrir el juego mediante el movimiento 6.e4; por eso, tuvieron que eliminar el caballo negro.

6.e4 fxe4
7.♘xe4 b6
8.♘e5 O-O
9.♗d3 ♗b7
Las negras llevan demasiado lento el juego y no advierten la acumulación de fuerzas del adversario que se cierne sobre el flanco del rey. Es mejor forzar la retirada del caballo e5 o cambiarlo antes de efectuar el enroque.
10.♕h5 ♕e7

11...♚xh7
12.♞xf6+ ♚h6
13.♞eg4+ ♚g5
14.h4+ ♚f4
15.g3+ ♚f3
16.♝e2+ ♚g2
17.♜h2+ ♚g1
18.♚d2# mate.

De esta manera, el rey blanco dio jaque mate a su colega negro.

11.♛xh7+!!

(Sorprendente combinación, cuyo resultado fue hacer peregrinar al rey negro desde la casilla g8 hasta g1 en donde se le dio muerte. Lo curioso es que 11.♞g5 ni 11.♞xf6+ contribuyen a dar mate.)

Sacrificios de mate,
gambito de dama aceptado

Según Rudolf Spielmann

R. Spielmann-E. Grünfeld

1.d4 d5
2.c4 e6
3.♘c3 dxc4

No es un buen camino el aceptar el gambito, ya que pueden continuar con e4 seguido de buen efecto. Las blancas tienen un juego mucho más libre.

4.e4! c5
5.♘f3 cxd4
6.♘xd4 a6
7.♗xc4 ♗d7
8.O-O ♘c6
9.♘f3! ♛c7
10.♛e2 ♗d6
11.♖d1

(Previniéndose contra 11...♘f6, si 11...♘f6 entonces 12.♖xd6 ♛xd6 13.e5, etc.)

11... ♘ge7
12.♗e3 ♘e5
13.♘xe5 ♗xe5
14.g3 ♗xc3

Con el fin de cerrar la diagonal donde operan el alfil y la dama negra ya que la continuación 14...♖c8 es muy fuerte.

15.bxc3 ♘g6
16.♗b3 O-O

(No 16...♕xc3 porque
17.♗d4)

17.♗d4 b5?

(Un plan mal concebido
17...e5 es también inferior
porque 18.♗b6 ♕xb6
19.♖xd7. Lo mejor es
16...♗c6 aunque las blancas
tienen todavía mejor partida
debido a sus dos alfiles.)

18.♕e3 ♗c6
19.h4! ♕b7?

(Complementado con
17...b5? el movimiento es
un fatal error, es indispensable 19...h6.)

20.h5 ♘e7

Las blancas tienen claramente ganada la partida, a causa
de la debilidad de la casilla g7
de las negras, la cual puede
ser atacada por la dama y por
el peón en h5. La situación ha
de ser explotada en el acto, de
otro modo las negras podrían
asegurar su posición ya que
poseen una fuerte formación
de peones. En tal sentido el
alfil de las blancas no podría
más que igualar.

21.♗xg7!

Un verdadero sacrificio de
mate activo, las fuerzas deben dar el mate o de lo contrario ganar el material, ya
que en este caso la resistencia es inefectiva.

(Otra línea decisiva era 21.♕g5 f6 22.♗xe6+ ♔h8 23.h6! pero la continuación siguiente es aún más fuerte.)

21...♔xg7

La aceptación del sacrificio nos permite forzar el mate, pero no hay método jugable para declinarlo.

22.♕g5+ ♘g6
23.h6+

23...♔g8

24.♕f6

Las negras abandonan.

Continuaría 25.♕g7# mate. El ataque contra la casilla g7 de las negras ha permitido la victoria.

Mate en el gambito de dama aceptado

Según Vasily Panov

Gambito de dama aceptado
Friese-Schröeder, 1951

1.d4 d5
2.c4 dxc4
3.♘c3 e5
4.d5 ♗d6
5.e4 f5
6.♗xc4 ♘f6
7.♗d3
(7.♘ge2 y luego ♘g3 hubiese sido mejor.)
7...fxe4
8.♘xe4 O-O
9.♗g5??
(Aquí procedía 9.♘xf6+)
9...♘xe4!!

10.♗xd8 ♗b4+
11.♔e2 ♖xf2+
12.♔e3 ♗c5+
13.♔xe4 ♗f5+
14.♔xe5 ♘d7# mate.

Mortal jaque a la descubierta

Según Kurt Richter

La combinación para mate se ha considerado siempre como la más alta proeza, la gran hazaña del arte de la combinación. Su eficacia es radical y sin apelación; su ejecución, difícil, sobremanera difícil, ya que el adversario, con la energía de la desesperación, no vacila en recurrir a cualquier medio con tal de desbaratarla. «Terrible es uno que no tiene nada que perder», Goethe.

Wonn-Lentschin
Berlín, 1964

Hasta la jugada 12ª la partida transcurrió rígidamente conforme a la teoría:

1.e4 e5
2.d4 exd4
3.♘f3 ♘c6
4.♗c4 ♘f6
5.O-O ♗c5
6.e5 d5
7.exf6 dxc4
8.♖e1+ ♗e6
9.♘g5 ♕d5
10.♘c3 ♕f5
11.♘ce4 O-O-O

12.g4 ♕xg4+?
(Pero esta jugada no está en ningún libro, lo que es comprensible, aunque mucho depende de lo que hagan las negras después del cambio en g4. Y parece que las negras tienen algo pensado.)

13.♕xg4 ♗xg4
14.♘xc5
(Esto es natural, pero, como muestra a continuación, entraña riesgos, era más seguro 14.♘xf7 las negras no pueden entonces jugar como en la partida 14...♖hg8 15.♘xd8 gxf6 porque las blancas no replican 16.♘xc5 sino 16.♘xf6.)

69

14...gxf6

15.♘xf7? (No ven ningún peligro, pero terminan siendo víctimas de un astuto jaque a la descubierta. Lo mejor sería ahora la jugada de espera 15.f3!)

15...♖hg8!

16.♘xd8? (Por lo visto, las blancas creían que su adversario iba en busca de las tablas, y el cambio de pieza no les pareció mal. Pero sufrieron un amargo desengaño.)

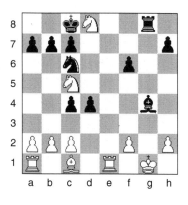

16...♗e2+!! (En esto estribaba precisamente el quid de la combinación. Las blancas abandonaron, les esperaba 17.♔h1 ♗f3# mate.)

Somogi-Barczay
Campeonato húngaro, 1963

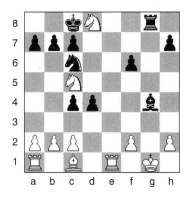

1...f3+!

2.♔xf3 (En otro caso el peón f3 sería una traba demasiado grande.)

2...♖f8+!

3.♔xg4 (Es divertido 3.♔e4 ♖f4# mate.)

3...♖xf2 (Ahora se encuentra el rey blanco en un círculo mortal.)

4.♘c4 h5+

5.♔h4 (o 5.♔g5 ♗f6# mate o 5.♔h3 ♖h2# mate.)

5...♗f4!

Las blancas abandonaron. No se consigue a menudo semejante cerco tranquilo sobre el rey blanco.

C. L. Morse (San Matteo)-
A. Buschine (San José)
Partida a distancia, 1963-1964

1.e4 e5
2.♘f3 ♘c6
3.♗c4 ♗e7 (La llamada «defensa húngara»; segura, pero sin aspiraciones.)

4.O-O ♘f6
5.d4 exd4
6.♖e1 d5? (Cuestionable, puesto que ahora la ♖e1 se hace valer.)
7.exd5 ♘xd5
8.♘g5! O-O (Permite la intervención siguiente, pero desbarata la alternativa 8...♗f5 pensando en 9.♕f3!)
9.♘xh7 ♖e8! (El mal menor era permitir 9...♔xh7 10.♕h5+ ♔g8 11.♗xd5.)
10.♕h5 ♗g5?? (Una broma inoportuna. Lo curioso es que las blancas prestan crédito al adversario.)
11.♖xe8+ ♕xe8
12.♗d2 (Podía ocurrir tanto 12.♗xg5 como 12.♘xg5 contra ♕e1+ es posible la parada ♗f1. Que las blancas no vieron esto resulta tanto más incomprensible cuanto

que con posterioridad van a combinar de una manera excelente.)

12...♗xd2
13.♘xd2 ♘f4
14.♕h4 ♘g6
15.♕h5 ♘ce5
(Las negras juegan a ganar, lo que desde luego no les conviene mucho.)
16.♘g5 ♕c6 (Ahora deberían por lo menos haber suprimido con 16...♘xc4 al peligroso alfil blanco.)

17.♖e1 ♗g4
18.♕h7+ ♔f8
19.♗b3! ♕f6 (Ahora ya es tarde para un buen consejo.)
20.♘de4 ♕f4
21.♗xf7! (Hace que se derrumbe el castillo de naipes de las negras.)
21...♘xf7
22.♕xg6 ♘e5
(También 22...♘xg5 23.♘xg5 significa la derrota para las negras, como se ve fácilmente.)
23.♘h7+ ♔g8
24.♘ef6+ ♔h8 (Esta es la posición a causa de la cual la partida entra en la literatura ajedrecística.)

25.♘g5!!
(¡Muy hermoso! Amenaza
♕h7 mate; pero si 25...♘xg6,
entonces 26.♘f7# mate.)

25...♕f5
(Ahora entra además en acción otra escondida ame-
naza.)
26.♕e8+!!
(¡Realmente espléndido!)
26... ♖xe8
27.♘f7+ ♘xf7
28. ♖xe8# mate.

¡Pocas veces se ve una armo-
nía semejante!

Mate en las tres variantes

Según Boris Weinstein

El maestro internacional L. Schamkovich consiguió realizar una combinación extraordinariamente artística en una de sus partidas del torneo de 1946. A la sazón, era todavía aspirante a maestro.

Schamkovich-H.
1.e4 e5
2.♘f3 ♘c6
3.♗b5 a6
4.♗a4 d6
5.c4 ♘ge7
6.♘c3 ♗g4
7.d4 exd4
8.♘d5 ♖b8

Las negras se apresuran a librarse de la clavada, por lo que disponen el movimiento b5.

9.♗g5 b5
10.cxb5 axb5
11.♗b3 ♘e5
12.♘xe5!

Ya destrabado, el caballo se lanza al ataque contra su colega blanco, clavado en el escaque f3. Sin duda, las negras no pueden tomar la dama, pues (12...♗xd1 13.♘f6+ gxf6 14.♗xf7#). Si juegan (12...dxe5 sucede 13.♕xg4) y pierden una pieza. Por lo que decidieron continuar:

12...♘xd5
13.♕xg4 f6
14.♗xf6!!

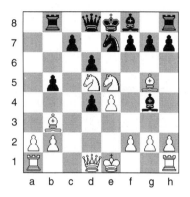

Las negras pueden tomar el alfil por tres procedimientos distintos, en cada uno de los cuales las blancas dan jaque mate. A (14...gxf6 sobreviene 15.♕h5+ y luego 16.♕f7. Y a 14...♘xf6 15.♗f7+ y 16.♕e6). Pero el jaque mate más elegante se produce si las negras juegan:

14...♕xf6, pues
15.♕d7#! mate.

Dar mate desde la casilla d7 es un caso singular, porque se trata de un punto sólidamente defendido desde el comienzo de la partida.

Mate en apertura española

Según Vasily Panov

Apertura española
Berger-Fröhlich, 1888

1.e4 e5
2.♘f3 ♞c6
3.♗b5 a6
4.♗a4 d6
5.♘c3 ♝g4
6.♘d5 ♞ge7
7.c3 b5
8.♗b3 ♞a5? (Hubiese sido
mejor 8...♞xd5 9.♗xd5
♛d7)
9.♘xe5!! ♝xd1??
Aquí convenía jugar (9...dxe5
o 9...♝e6. Pero no 9...♞xb3
por la continuación 10.♘xg4!
y si 10...♞xa1 mate en dos
jugadas. A 10...♞xd5 seguía
11.♛xb3).
10.♘f6+ gxf6
11.♗xf7# mate.

Apertura española
Bolonin-Panov, 1936

1.e4 e5
2.♘f3 ♞c6
3.♗b5 a6
4.♗a4 ♞f6
5.♘c3 ♝c5
(5...d6 o 5...b5 hubiese sido
mejor, por cuanto las blancas realizarán ahora la habi-
tual maniobra d4 que mejo-
rará la disposición de sus
piezas.)
6.♘xe5 ♞xe5

(O 6... ♝xf2+ 7. ♚xf2 ♞xe5
8.d4)

7.d4 ♝b4?

(Se debía haber proseguido
7...♝d6)

8.dxe5! ♞xe4

9.♛d4 ♞xc3

10.bxc3 ♝a5

11. ♝a3! b6

12.e6 ♛f6

13. ♝xd7+ ♚d8

14. ♝c6+!! ♛xd4

15.e7# mate.

Un alfil da mate

Según Kurt Richter

A veces, también un alfil da mate cuando las negras mueven un peón que protege la diagonal decisiva o consienten su cambio o apartamiento.

El ejemplo más antiguo de una combinación semejante de mate se dio en una partida ganada en la Edad Media por el calabrés Greco.

1.e4 b6
2.d4 ♝b7
3.♝d3 f5? (No corresponde a las negras en esta temprana fase de la partida ponerse a combinar. La aventura tiene un final espantoso.)
4.exf5 ♝xg2? (Cierto que es una jugada consecuente, pero esta diagonal no es mortal para las blancas, sino para las negras, como se pone de manifiesto en seguida.)

5.♕h5+ g6
6.fxg6 ♞f6

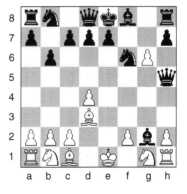

7.gxh7+! ♞xh5
8.♝g6# mate.

¡Un alfil da mate!

Teed-Delmar
(Nueva York, 1896)

1.d4 f5
2.♗g5 h6
3.♗f4 g5
4.♗g3 f4

(La cacería del alfil ha fraca-
sado por completo.)

5.e3! (Ya se anuncia el mate
en diagonal.)
5...h5
6.♗d3 ♖h6
7.♕xh5+! ♖xh5
8.♗g6# mate.

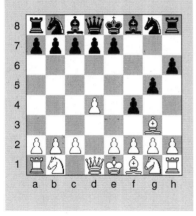

Sacrificios de mate, defensa francesa

Según Rudolf Spielmann

R. Spielmann-B. L. Hermet

1.e4 e6
2.d4 d5
3.♘d2 dxe4
4.♘xe4 ♘d7
5.♘f3 ♘gf6
6.♘xf6+ ♘xf6
7.♗d3 h6?

(Preparando 7...h6? Para luego 8...♗d3, pero ambos movimientos son débiles. Las negras prevén ♗b5+, pero esto crea un objetivo subsecuente para las blancas que es peón g4 a g5. Probablemente sea mejor la jugada de Rubinstein b6.)

8.♕e2 ♗d6?
9.♗d2 O-O

Se empeña en enrocar en el otro flanco.

10.O-O-O ♗d7
11.♘e5 c5
12.dxc5

12...♗xe5

Las negras han perdido la partida, si (12...♗xc5 13.g4!) etc. La anterior jugada (7...h6?), es bueno recordarla.

13.♕xe5 ♗c6
14.♗f4 ♕e7
15.♕e4! ♖fd8
16.♗d6 ♕e8

79

17. ♖hg1 b6
18. ♕h4 bxc5
19. ♗e5!

Mucho más fuerte que mantener el peón adelantado.

19... ♕e7?

Si hubiera continuado con 19... ♘d7.

20. g4 c4

Esperando debilitar el ataque por medio de los cambios de torre.

21. g5! ♘d7

(21...cxd3 22.gxf6, es desesperado para las negras, así como 21...hxg5 22.♕xg5). (O 21...♘h7 es refutado por 22.♗xh7+ ♔xh7 23.g6+ ganando la dama.)

Está claro que de un solo vistazo se puede decir que esta posición posiblemente sea ganada por las blancas, pero sus dos alfiles están comprometidos por lo que se impone una resolución rápida. Había varias jugadas, pero indudablemente la que se efectuó era la mejor.

22. ♕xh6!

La jugada 22. ♗xg7 también conduce a un mate por sacrificio; además, gana más rápidamente la partida también 22. ♗h7+ ♔f8 23. ♗xg7+; pero el sacrificio del ejemplo está basado en una idea definida y probablemente sea la de mayor fuerza. El mate puede ser tratado de dos maneras y no hay medio de declinar el ofrecimiento.

22...gxh6
23.gxh6+ ♔f8
24.♖g8+!

El comodín. El mate en las dos siguientes jugadas:

24...♔xg8
25.h7+ ♔f8
26.h8=♕# mate.
(O 26.h8=♖# mate.)

Las negras abandonan.

Aquí concluyen nuestras explicaciones sobre los sacrificios simulados.

Los sacrificios simulados son combinaciones transitorias y deben calcularse anticipadamente desde el primero hasta el último movimiento.

Los sacrificios posicionales ayudan en forma abstracta y benéfica (mejorando la posición); los sacrificios para ganar y de mate tienen objetivos concretos (captura de material o mate).

Los sacrificios posicionales operan al principio de la lucha, por regla general en la apertura o en el desarrollo del medio fuego.

Los sacrificios para ganar forman la línea de demarcación entre las partes creativas y técnicas de una partida; aparecen hasta en el final de la contienda.

Los sacrificios de mate son combinaciones conclusivas y forman el clímax, tal como sucede en el estado final de una partida de ajedrez.

El jugador con los sacrificios posicionales se plantea por sí mismo la tarea –no por medios irrevocables– de transformar una posible y pequeñísima ventaja, en una victoria. A menudo son acompañados por un creciente número de problemas difíciles que deben resolverse.

Los sacrificios para ganar facilitan grandemente los problemas del jugador, ya que por ellos se decide el éxito e imponen la responsabilidad de seguir la lucha de determinada manera.

Las combinaciones de mate, marcan el punto final de nuestras labores y conclusión de nuestra tarea.

Cualquier tipo de sacrificio, es posible únicamente cuando el adversario comete errores; pero esto no quiere decir que al error necesariamente deba seguir inmediatamente el sacrificio. Algunas veces, a un sacrificio posicional se anteponen ligeras omisiones; así que, un error de bulto, dará lugar a un sacrificio para ganar o a uno de mate.

Claramente debemos dejar establecido que únicamente ciertos tipos de errores se pueden explotar por medio de un sacrificio. También hacernos constar, que un número determinado de pequeñas faltas pueden por último, producir el mismo efecto que un grave error.

Frecuentemente, un error solamente suministra la premisa para un sacrificio que deberá efectuarse en el estado final. En este sentido, aún pequeñas omisiones pueden en ciertas circunstancias, permitir un sacrificio de mate.

Sacrificios de mate

Según Rudolf Spielmann

El sacrificio para ganar y el de mate son similares por naturaleza. En ambos casos tenemos que se efectúan por medios violentos y proporcionan una ventaja que puede ser temporal o permanente.

La ventaja permanente que incide en la formación de peones es estratégica; la ventaja temporal está basada en la configuración de las piezas en un momento dado, es táctica.

Para nuestro propósito, la ventaja táctica es más importante, esto es, para el sacrificio –especialmente el sacrificio simulado– es un arma regular de carácter táctico.

Las oportunidades para efectuar el sacrificio son comúnmente fugaces, por lo tanto, deben apreciarse en el momento justo. Esta es particularmente la causa de que la ventaja posicional sea puramente de carácter táctico.

Cuando la ventaja es de carácter estratégico, y por lo tanto, constante, algunas veces sucede que la oportunidad para el sacrificio continúe por un número determinado de movimientos o recursos de tiempo diferentes; pero cualquiera que sea el sacrificio para obtener ventajas, este solamente ayuda por medio del material obtenido, y después de su consumación, le da al oponente todavía la ocasión de luchar, o por último, continuar con alguna resistencia; entonces, el sacrificio de mate es, por lo tanto, el más fuerte de todos los sacrificios y consiste en terminar la partida en el mismo instante, justificando el más grande empeño de material. No es una cuestión de ganancia de material, sino de forzar el mate, condición que lo distingue de todos los otros.

La noción de que el sacrificio de mate es solamente un sacrificio simulado, debe extrañar al estudiante, pero es lógica suficiente, ya que el sacrificio es ofrecido por un limitado y bien definido período de tiempo; el atacante no corre riesgos, y si no, no obtiene el carácter de sacrificio verdadero. Propiamente hablando, el atacante debe tener gran superioridad en posición cuando se embarca en un sacrificio de mate.

Marcada preponderancia en la posición o en el desarrollo –a menudo en ambas– es una condición esencial. Los casos, sin embargo, en que el mate puede forzarse son raros, más aún cuando el defensor puede guardarse del mate, recurriendo a la pérdida de material mayor. Pero esto solamente tiene interés académico.

Confrontando la alternativa de «mate o pérdida de una torre», un jugador inmutable continuará la partida. Pero todos conocemos la fórmula a que a menudo se recurre: «Abandonar», ya que el mate o la pérdida de material mayor no se puede evitar.

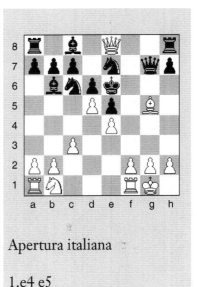

Mate en la apertura italiana

Según Vasily Panov

Apertura italiana
Greco-Liubitel, 1916

1.e4 e5
2.♘f3 ♘c6
3.♗c4 ♗c5
4.c3 ♕e7
5.O-O d6
6.d4 ♗b6
7.♗g5 f6
8.♗h4 g5?
(Era más fuerte 8...♗g4)
9.♘xg5! fxg5
10.♕h5+ ♔d7
11.♗xg5 ♕g7
(Lo procedente era 11...♘f6 aunque el ataque de las blancas fuese muy fuerte.)
12.♗e6+!! ♔xe6
13.♕e8+ ♘ge7
14.d5# mate.

Apertura italiana

1.e4 e5
2.♘f3 ♘c6
3.♗c4 ♗c5
4.c3 ♘f6
5.d4 exd4
6.cxd4 ♗b4+
7.♘c3 ♘xe4
8.O-O ♘xc3
(Hubiese sido mejor continuar 8...♗xc3 9.bxc3 d5! O bien 8...♗xc3 9.d5 ♗f6!)
9.bxc3 ♗xc3

85

10.♛b3 ♝xa1?
(Había que haber seguido
con 10...d5! 11.♝xd5 O-O)
11.♝xf7+ ♚f8
12.♝g5 ♞e7
13.♞e5
(También es eficiente 13.♖e1)
13...♝xd4
14.♝g6 d5
15.♛f3+ ♝f5
16.♝xf5 ♝xe5
17.♝e6+ ♝f6
18.♝xf6 gxf6
19.♛xf6+ ♚e8
20.♛f7# mate.

Apertura italiana

1.e4 e5
2.♞f3 ♞c6
3.♝c4 ♝c5
4.c3 ♞f6
5.d4 exd4

6.cxd4 ♝b4+
7.♞c3 ♞xe4
8.O-O ♝xc3
9.d5 ♞e5
(Lo mejor era continuar
9...♝f6)
10.bxc3 ♞xc4
11.♛d4 ♞cd6
12.♛xg7 ♛f6
13.♛xf6 ♞xf6
14.♖e1+ ♚f8?
(Convenía proseguir con
14...♞fe4 pero no con
14...♚d8 por la respuesta de
las blancas 15.♝g5 ♞(d) e8
16.♖xe8+.)
15.♝h6+ ♚g8
16.♖e5 ♞de4
17.♞d2 d6
18.♞xe4 dxe5
19.♞xf6# mate.

86

Apertura italiana

1.e4 e5
2.♘f3 ♘c6
3.♗c4 ♗c5
4.d3 ♘ge7?
(Era mejor haber continuado con 4...♘f6.)
5.♘g5 O-O
6.♕h5 h6
7.♘xf7 ♕e8??
(Se tenía que haber replicado con 7...♖xf7.)
8.♘xh6+ ♔h8
9.♘f7+ ♔g8
10.♕h8# mate.

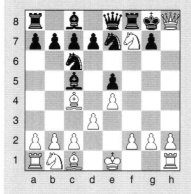

Apertura italiana
Knorre-Chigorin

1.e4 e5
2.♘f3 ♘c6
3.♗c4 ♗c5
4.d3 ♘f6
5.O-O d6
6.♗g5
(Era mejor continuar con 6.♘c3 o 6.♗e3)
6...h6
7.♗h4
(Aquí también sería mejor continuar con 7.♗e3)
7...g5
(Tan audaz movimiento se puede realizar cuando se desestima el enroque corto.)
8.♗g3 h5!
9.♘xg5
(La continuación 9.h4 era más fuerte aun cuando las negras respondiesen 9...♗g4 y continuasen atacando.)
9...h4
10.♘xf7 hxg3!!
11.♘xd8 ♗g4
12.♕d2 ♘d4!
13.♘c3 ♘f3+!!
14.gxf3 ♗xf3

Las blancas no pueden evitar el mate.

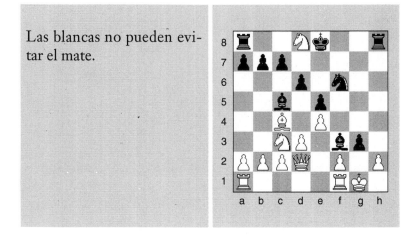

Catástrofe en líneas oblicuas

Según Kurt Richter

Las líneas oblicuas en la primera fase de despliegue de la partida son escenario de muchas combinaciones. Aquí especialmente el mate de los dos alfiles es el que constituye el objetivo final. Así, o de modo análogo, con blancas o con negras, es la configuración final.

Seefried-Künzler
Munich, 1924

1.d4 d5
2.♘f3 c6
3.c4 ♘f6
4.♘c3 ♗f5
5.♗g5 ♘e4?
6.cxd5 cxd5
7.♕b3 ♕a5 (Ceden el peón, pero al menos quieren cambiar las damas.)
8.♕xd5 ♕xd5
9.♘xd5 ♘a6
10.e3 e6?? (Aquí escondió el jugador su rostro.)

11.♗b5# mate.

De una manera no muy distinta obraron las negras en la partida siguiente.

Schirm-Hartmann
Berlín, 1925

1.e4 e6
2.d4 d5
3.♘c3 ♗b4
4.exd5 exd5
5.♘f3 ♘f6
6.♗d3 c6
7.0-0 ♗xc3
8.bxc3 h6 (mejor 0-0).
9.♗a3 (¡La primera diagonal de los alfiles! Se pone de manifiesto la desventaja para las negras con el cambio 7… ♗xc3.)

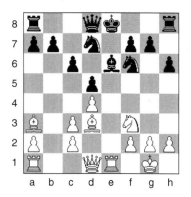

9… ♗e6
10.♖e1 ♘bd7? (Priva a su rey de la última casilla de escape.)
11.♖xe6+ fxe6
12.♗g6# mate.

Risas burlonas de todos los fariseos. Sin embargo, era una trampa en la que ya habían caído la mayoría de ellos.

Después de estos ejemplos sencillos, uno algo más complicado.

Dührssen-Gräf
Berlín, 1937

1.e4 e5
2.♘f3 d6
3.d4 ♘d7
4.♗c4 c6
5.♘g5 ♘h6
6.0-0 ♗e7

La forma de juego elegida por las negras es insuficiente, las blancas ahora deben ganar.

7.♘e6! ¡Ajajá! ¿Te das cuenta de algo? También en la partida anterior era e6 la casilla del sacrificio.

7...fxe6

8.♗xh6! gxh6? (Es mejor 8...♘b6 9.♗xg7 ♘xc4 10.♗xh8 ♔f7 sin embargo también es decisivo el ataque blanco 11.b3 ♘b6 12.f4 ♕xh8 13.♕h5+! seguido de 14.fxe5+)

9.♕h5+ ♔f8

10.♗xe6 ♕e8 (Obligado)

11.♕xh6# mate.

Nuestro mate de los dos alfiles, con la diferencia de que uno de los alfiles está representado por la dama.

Otro caso instructivo de este tipo:

Ciulkow-Gawemann
Moscú, 1947

1.e4 c6
2.♘c3 d5
3.d4 dxe4
4.♘xe4 ♘f6
5.♘xf6+ exf6

6.♗c4 ♗e7 (Es mejor dejar libre la columna del rey y jugar 6...♗d6)

7.♕h5 O-O

8.♘e2 g6? (Hay que abstenerse de semejantes jugadas debilitadoras siempre que se pueda, a menos que se esté obligado a hacerlas.)

9.♕f3! ♘d7? (Hace posible una terminación drástica.)

10.♗h6 ♖e8

11.♗xf7+! ♔xf7 (En otro caso pierde calidad y peón.)

12.♕b3# mate.

¡Un mate como se ve raras veces!
Cuando la torre está enquistada en el ángulo de su propio rey, se convierte en «pieza muerta» y colabora sin voluntad en la red de mate de su propio rey.

Krauthäuser-H. Herrmann
Siegen, 1934

1.f4 e5
2.fxe5 d6
3.♘f3 ♘c6
4.exd6 ♗xd6
5.e4? (mejor 5.d3)
5...g5!
6.♗b5 g4
7.♗xc6+ bxc6
8.e5 gxf3

9.exd6 (un interesante cambio de golpes, pero ahora las negras tienen la supremacía y la aprovechan con vigor.)
9...♕h4+
10.♔f1 (o 10.g3 ♕e4+ 11.♔f2 ♕d4+!)
10...fxg2+
11.♔xg2 ♗h3+ (De lo contrario, está perdida la dama.)
12.♔g1

12...♕d4# mate.

En comparación con una combinación parecida vamos a seguir ahora con una partida cuya forma de mate no pertenece del todo al tipo de dos alfiles.

Dr. Th.-Bier
1905

1.f4 e5
2.fxe5 d6
3.exd6 ♗xd6
4.♘f3 g5
5.e4 (También aquí una descuidada subestimación del avance por el ala enemiga. Lo adecuado era 5.g3 para crear un punto de apoyo en h4 para el caballo)
5...g4
6.e5 gxf3
7.exd6 ♕h4+

8.g3 ♕e4+
9.♔f2 ♕d4+
10.♔e1 (o 10.♔xf3 ♗g4+)
10...f2+
11.♔e2 ♗g4# mate.

Tales chascos han pasado a formar parte de la teoría del ajedrez.

Un sorprendente mate a distancia de los dos alfiles.
Karff-Lugatsch, 1938

1.e4 e6
2.d4 d5
3.e5 c5
4.♕g4 cxd4
5.♘f3 f5
6.♕g3 ♘c6
(Mejor 6...♘d7 seguido de ♘c5 y eventualmente ♘e4.)
7.♗e2 ♗d7?
(Ahora el rey negro está situado fatídicamente y es posible un bonito asalto.)

8.♘xd4! ♘xd4?
(Literalmente no ven con bastante amplitud.)
9.♗h5+ ♔e7
10.♕a3# mate.

Sacrificios preventivos o anti-enroque

Según Rudolf Spielmann

Todos los sacrificios que estorban el enroque del oponente, caen bajo lo dicho en este encabezamiento: su objeto es un ataque temprano sobre el rey.

En el planteamiento de una partida de ajedrez, el enroque puede decirse que es el más importante movimiento, pues dos piezas son desarrolladas en un solo acto. El rey se pone en seguridad en un solo movimiento, por lo tanto, podemos decir que es el más fuerte movimiento de desarrollo. La comunicación entre las torres se prepara o establece, y este es, sin duda, el camino que proporciona el desarrollo centralizado de todas las fuerzas.

Hemos tenido frecuentemente ocasiones de observar la importancia de este factor, especialmente en nuestro estudio de sacrificios obstructivos. Hemos visto también, cuan ventajoso es atacar con las fuerzas combinadas, y como perjudica a la defensa la dispersión de las unidades. Hemos aprendido también que la mayor parte de las onerosas obstrucciones son aquéllas que han ocurrido en el centro. En este sentido, puede fácilmente apreciarse el valor significativo de la opción al enroque, y cuan ventajoso es privar al adversario de esta. Debemos tomar en cuenta, sin embargo, que la posición es igual en otros aspectos, y que aproximadamente todas las piezas están todavía sobre el tablero. A medida que nos acercamos al final de la partida, los peligros a que se expone el rey disminuyen proporcionalmente. También que en las partidas hay que enrocar en cuanto se pueda, pues el valor de un tiempo no es tan grande.

El enroque es particularmente importante para la defensa del flanco. El primer jugador, con la iniciativa en el desarrollo estará, sobre todo, mejor situado por ese privilegio.

En la mayor parte de los casos es altamente ventajoso prevenirse de que el oponente se enroque. De aquí, que debemos permanecer vigilantes de la oportunidad que se nos ofrezca para efectuar un sacrificio de material. El rey, confinado en su casilla original, no solamente estorba el desarrollo de sus propias fuerzas, sino que su posición también facilita el lanzamiento del ataque adversario. Este es particularmente el caso de una o dos columnas centrales abiertas.

Con el objeto de crear tal estado de cosas, el atacante necesita no solamente ceder un neón sino también una pieza.

El sacrificio preventivo es más ambicioso en este respecto, que el de tipo obstructiva, sin embargo, las ventajas que se obtienen son más grandes en todos los casos.

Sacrificios preventivos, defensa francesa

Según Rudolf Spielmann

R. Spielmann-Scheveningen, 1905

1.e4 e6
2.d4 d5
3.♘c3 ♗b4
4.♗d3 dxe4

Es mejor (4...c5). En ese tiempo esta variante era poco conocida.

5.♗xe4 ♘f6
6.♗d3 c5
7.a3! ♗a5
8.dxc5 ♗xc3+
9.bxc3 ♕a5
10.♘e2 ♗d7

Es mejor (10...♘bd7).

11.O-O ♕xc5?

(Un error. Debió jugar 11...♘a6 ya que 12.♗xa6 no es de temer.)

En esta posición, las blancas tienen un par de alfiles y ligera superioridad en el desarrollo. Por otra parte, los peones del fianco de dama son débiles. Por lo tanto, deben evitar las tablas y buscar el combate en campo abierto. De este modo, prevenirse contra el enroque del adversario, ya que es oportuno evitarlo, para ello no es necesario en este momento un sacrificio. Pero el siguiente movimiento hará desistir del enro-

que al adversario, en previsión de la pérdida de material.
12.a4! ♗c6

(No 12...O-O?, porque 13.♗a3.)

13.♗a3 ♕g5
14.f3!
Incuestionablemente era más débil 14.♘g3 o también 14.g3, después del cual, las negras podían montar un ataque con 14...h5. La idea del sacrificio 12.a4! se vuelve ahora aparente. Si se toma el peón con 14...♗xa4 15.♗c1? ♕c5+ y las negras están seguras. Además, la debilidad de e3 de las blancas invita a un contraataque y necesita el sacrificio de otro peón.

14...♘d5
15.♘g3!
El ataque no debe prepararse en otro sentido. Si por ejemplo 15.♕c1 ♕xc1 o 15.♗c1 ♘e3, las negras obtienen ventaja.

15...♕e3+
(La jugada 15...♘xc3 permite a las blancas un fuerte ataque con 16.♕e1 ♘xa4 17.♘e4 ♗xe4 18.♕xe4 ♘c5 19.♗b5+ ♘bd7 20.♕d4.)

La jugada 15...♘e3? sería enteramente errada, a propósito, porque a 16.♕c1 continuaría sobre todo con 17.f4.

16.♖f2!

Y no 16.♔h1? ♘xc3! y las negras fuerzan el cambio de damas.

16...♘xc3
17.♕f1

Esta casilla estaba vacante para situar la dama.

17...♔d8

Las negras se ven obligadas a enrocar en el otro flanco. La jugada 18.♘f5! es también una continuación muy fuerte como la siguiente:
18.♗b2
El alfil ha cumplido su misión en a3. El ataque propio comienza.

18...♘d5

(O 18...♘xa4 19.♗xg7 ♖g8 20.♗f6+, etc.)

19.♖d1

También era ventajoso 19.♗xg7. Pero en vista de la posición expuesta del rey negro, el primer jugador justifica su actitud.

19...♘d7

La captura del peón de torre es obviamente azarosa; sigue 20.♗e4 y 21.c4.

20.♗e4 ♕b6
21.♗d4 ♕a5
22.c4 ♘5b6

23.♕d3

(Y no 23.♗xc6 bxc6 24.♗xb6+ porque a 24... axb6! (24...♕xb6? 25.♕d3!) 25.♖fd2 ♖a7, con buenas perspectivas para las negras.)

23...♔c8
24.♖b2!

La torre está efectivamente situada aquí, ya que el peón caballo dama de las negras es débil a pesar de toda la posible cobertura y obstrucción.

24...♘e5
25.♕e2!

Inferior sería 25.♗xe5, etc. Es una curiosa circunstancia que las blancas cedieran todos sus peones del fianco de dama, con el solo objeto de poner en una posición incómoda al rey adversario, por el resto de la partida.

25...♘exc4

Las negras tienen otra opción. El peón estaba fuertemente colocado y por lo tanto, continuarían su avance; pero ahora las blancas obtienen una nueva base de operaciones en la columna del alfil de dama.

26. ♖c2 ♕b4

(A 26...♕xa4 seguiría 27.♗xc6 bxc6 28.♖dc1 ♘a5 29.♕a6+ ♔d7 30.♗xg7 ♖hg8 31.♘e4 y el ataque de las blancas es irresistible. Si 31...♔e7 32.♗f6+.)

27. ♖dc1 ♘a3

(O 27...♘a5 28.♗c5! ♕b3 29.♖b2 ♕xa4 30.♖a2 y las blancas ganan una pieza.)

28. ♖xc6+!

Concluyente. Un sacrificio para ganar.

28...bxc6

29. ♖xc6+ ♔d7
30. ♗c5 ♕c4

(El caballo no tiene salvación. Otra respuesta era 31. ♖d6+, la cual decidía rápidamente.)

31. ♕d2+ ♘d5
32. ♖d6+ ♔e8
33. ♗xa3 ♖d8
34. ♘f5!
34...♕c7

(O 34...exf5 35.♖xd8+ ♔xd8 36.♗xd5, etc.)

35. ♘xg7+ ♔f8
36. ♖xd8+ ♔xg7
37. ♕g5# mate.

Los alfiles amenazan la posición de enroque

Según Kurt Richter

El mérito principal consiste aquí en el despeje de la importante diagonal del ♗ e5 y en la desviación del peón g3 a h4 con objeto de bloquear la última casilla de escape.

G. Nilsson-B. Engholm
Malmoe, l937

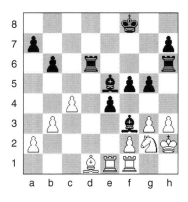

Es el alfil ♗ f3 el polo sobre el que gravita la sucesión de los acontecimientos. De acuerdo con su colega en e5 hace posible la siguiente y bonita ejecución de mate:

1... ♖ xh3+!

2.♔xh3 ♖h6+
3.♘h4 ♖xh4+!!
4.gxh4 g4# mate.

Heinicke-Rodatz
Hamburgo, 1936

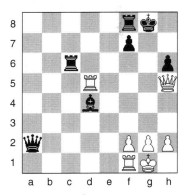

Al pan nuestro de cada día del jugador de ajedrez corresponden lances de mate como los que se ven aquí posibles:

1...♕xf2+!
2.♖xf2 ♖c1+ seguido de
3.♕d1 # mate.

Pero con apuro de tiempo y un ataque de ceguera ajedrecística, las negras se contentaron con (1...♗g7), lo que en definitiva ganó también.

Coggan-Foster
(Boston, 1937)

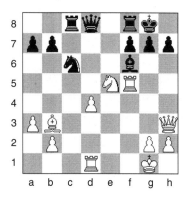

Después de:
1.♕xh7+! ♚xh7
2.♖h5+ ♚g8
3.♘g6!

¡Jaja, el alfil!, cayeron las negras en la red de mate. Contra ♖h8 mate no hay nada

que inventar, el jaque ♕xd4+ sólo tiene un efecto dilatorio.

Si en la posición de enroque las diagonales dominadas por los alfiles del enemigo carecen por completo de protección de peones, el terreno amenazado de mate crece en proporciones extraordinarias. En tales casos se respira algo de peligro en el aire.

M. Seibold-F. Berndorfer
(Partida a distancia, 1937)

Con:
1...♗h2+!
2.♚xh2 ♕c7+
3.♚g1 ♕g3# mate.

Las negras pudieron operar irresistiblemente sobre la diagonal libre.

Los caballos en el terreno del enroque

Según Kurt Richter

Los caballos procuran ganar contra la posición del enroque enemigo casillas favorables de salida. Para luego avanzar por su cuenta, o mediante un sacrificio, abrir las columnas decisivas a otras piezas de su bando.

Dr. Alekhine-Llorens
y Carreras
Barcelona, 1935

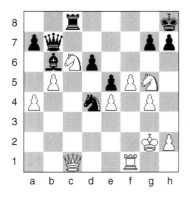

Sin preocuparse de la clavada, jugaron las blancas:

1.♘e7!! pensando en el bonito mate de los dos caballos después de:

1... ♖xc1 2.♘f7# mate.

Cierto que las negras procuraron escapar a su destino con:

1... ♖f8 pero entonces la columna torre rey fue su perdición:

2.♘g6+! hxg6
3.♕e1! y con:

4.♕h4+ las blancas en cualquier caso, consiguen un ataque victorioso.

Pagantoniow-Routilin
Atenas, 1937

A. Dröser-Betzel
Hofheim, 1936

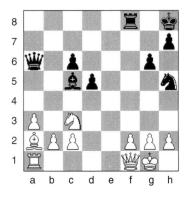

Muy eficaces el alfil blanco en c4 y el caballo en h4 creando una atmosfera propicia para el mate.

1.♕e6! ♘xe6 (Desvía al caballo negro f8.)

2.♘g6+ hxg6 (Deja el camino libre para la torre blanca f3.)

3.♖h3+ ♔g8
4.♗xe6+ ♔f8
5.♖h8# mate.

El que domina este lance reconocerá el terreno en peligro de mate y adecuará su juego en respuesta.

Las blancas no temían 1...♗xf2+ 2.♔h1 y creían haber ganado tiempo amenazando a la dama negra. Pero:

1...♖xf2!! (¿Quién habría pasado esto por alto? Es bien simple cuando se la han señalado a uno.)

2.♕xa6 (Sin perspectivas es también 2.♕xf2 ♗xf2+ 3.♔xf2 ♕b6+ seguido de ♕xb2.)

2...♖f5+
3.♔h1 ♘g3+
4.hxg3 ♖h5# mate.

Engels-Büstgens
Düseldorf, 1935

Este sacrificio de caballo se debe a una motivación diferente, ahora un caballo allana el camino al otro caballo.

1.♘g6+! fxg6

2.♘h4! (El segundo caballo conquista la casilla g6, es decisivo. También se ha alargado el alcance del alfil c4, que es muy importante.)

2...♕d6
3.♘xg6+ ♚h7
4.dxe5! ♕c7
5.♘f8+ ♚h8
6.♕h7+!! ♘xh7
7.♘g6# mate.

El movimiento de espera 4.dxe5! expulsa a la dama negra de la fila 6ª.

Mate en la defensa escandinava

Según Vasily Panov

Defensa escandinava
Teichmann-Liubitel, 1914

1.e4 d5
2.exd5 ♛xd5
3.♞c3 ♛d8
4.♞f3 ♝g4
5.♝c4 e6
6.h3 ♝xf3
7.♛xf3 c6
8.d3 ♛f6
9.♛g3 ♞h6
10.♝g5 ♛g6
11.♞b5! cxb5??
(Procedía continuar con
11...♞a6)
12.♛xb8+!! ♜xb8
13.♝xb5# mate.

Defensa escandinava
Liubitel-Schalopp, finales s.XIX

1.e4 d5
2.exd5 ♞f6
3.c4 c6
4.♛a4?
(Era mejor replicar con
4.d4)
4...♝d7
5.dxc6 ♞xc6
6.♛b3? ♞d4
7.♛c3 e5
8.f4 ♝b4

9.♕d3 ♗f5
10.♕g3 ♘e4
11.♕xg7 ♘c2+!!
12.♔e2 ♕d3+
13.♔xd3 ♘g3# mate.

Defensa escandinava
Mieses-Ölkwist

1.e4 d5
2.exd5 ♕xd5
3.♘c3 ♕d8
4.d4 ♘c6
5.♘f3 ♗g4
6.d5 ♘e5? Se debía haber continuado (6...♘b8).
7.♘xe5! ♗xd1
8.♗b5+! c6
9.dxc6 ♕c7
10.cxb7+ ♔d8
11.♘xf7# mate.

Referencias bibliográficas

Bondarewsky I., *Táctica del medio juego*

Byfield B. and Orpin A., *Learn Chess Quick*

Capablanca J. R., *Fundamentos del ajedrez*

Kann I., *El arte de la defensa*

Koblenz A., *Ajedrez de entrenamiento*

Noir M., *Initiation aux échecs*

Panov V., *ABC de las aperturas*

Panov V., *Ajedrez elemental*

Panov V., *Teoría de aperturas*

Pachman L., *Aperturas abiertas*

Pachman L., *Aperturas semiabiertas*

Persits B., *La estructura de peones centrales*

Pritchard D. B., *Begin Chess*

Richter K., *Jaque mate*

Spielmann R., *El arte del sacrificio en ajedrez*

Weinstein B., *La trampa en la apertura*

REVOLUCIONA TU AJEDREZ
Serie de libros creados por el
Gran maestro
Viktor Moskalenko:

La mayoría de los jugadores de ajedrez dejan de hacer progresos una vez han alcanzado cierto nivel. Se centran en el estudio de las aperturas, medio juego clásico, tácticas, y unas cuantas reglas esenciales para los finales de partida.

Pero cuando se sientan ante el tablero y se enfrentan a una partida real o están en pleno campeonato, a menudo son inoperantes. ¿Por qué sucede esto?

Viktor Moskalenko sostiene que esto es porque todavía no han descubierto las verdaderas reglas del juego, de ahí que en el libro este Gran maestro internacional presente un sistema totalmente nuevo para jugar al ajedrez es una serie de libros creados por él para ser mejor jugador.

AJEDREZ PARA PRINCIPIANTES
POR LOS GRANDES MAESTROS
Panov, Capablanca, Persits...

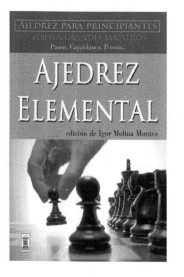

AJEDREZ ELEMENTAL
edición de Igor Molina Montes

He aquí una obra excepcional que reúne los principios básicos del ajedrez elemental de la mano de los grandes maestros. Gracias a la hábil recopilación hecha por Igor Molina, el editor de la obra, podemos acceder a los fundamentos de este juego que remonta sus orígenes al siglo VI en la India.

Este particular campo de batalla ocupado por 64 casillas es el escenario en el que se mueven autores como Panov, Persits, Capablanca o Suetin para explicarnos cómo desarrollar las piezas de forma que puedan ejercer dominio y presión sobre el bando contrario hasta finalizar con el mate al rey.

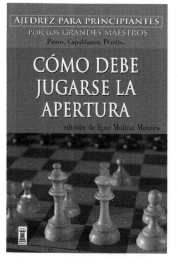

CÓMO DEBE JUGARSE LA APERTURA
edición de Igor Molina Montes

Este libro reúne los principales movimientos en las aperturas del ajedrez de la mano de los grandes maestros de todos los tiempos. El laborioso trabajo de recopilación que ha hecho Igor Molina sirve para acceder de manera cómoda y fácil a los principales sistemas empleados por los mejores jugadores del mundo a la hora de abrir las hostilidades en un tablero.

Panov, Capablanca y otros grandes maestros de este juego explican las diferentes aperturas y sus variantes más célebres, incorporando algunas partidas que ejemplifican cada movimiento.